TABLE OF CONTENTS

Symbols - page 4

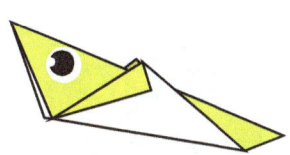
Grasshopper
Page 5

Yacht
Page 6

Window
Page 7

Owl
Page 8

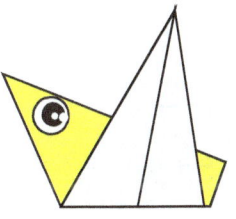
Bird
Page 9

Fox
Page 10

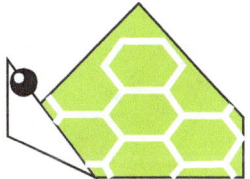
Turtle
Page 11

Lion
Page 12

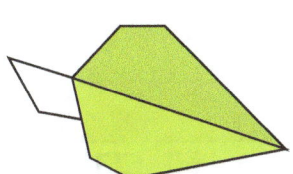
Leaf
Page 13

Cat
Page 14

Dog
Page 15

Mouse
Page 16

Whale
Page 17

Frog
Page 18

Bus
Page 19

Long Hat
Page 20

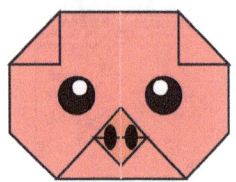
Pig
Page 21

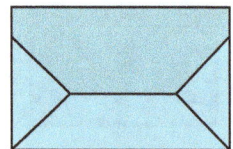
Letter
Page 22

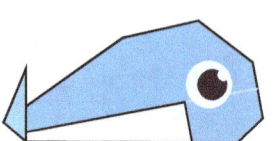
Whale
Page 23

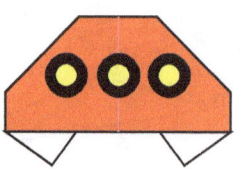
UFO
Page 24

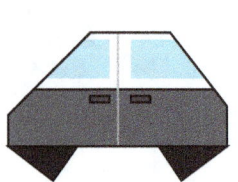
Patrol Car
Page 25

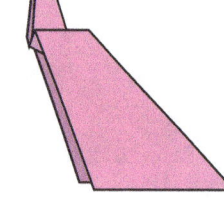
Peacock
Page 26

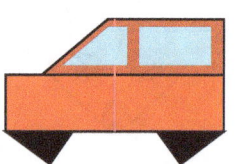
Car
Page 27

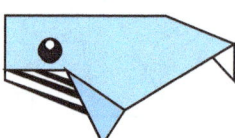
Whale
Page 28

Fish
Page 29

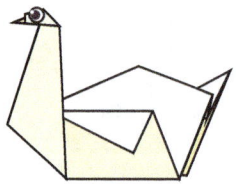
Swan
Page 30

Fox
Page 31

House
Page 32

Moon
Page 33

Hippopotamus
Page 34

Bear
Page 35

Penguin
Page 36

Tulip
Page 37

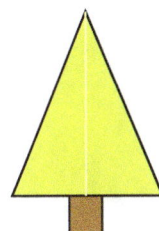
Tree
Page 38

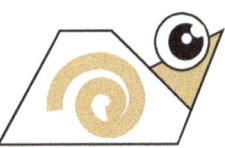
Snail
Page 39

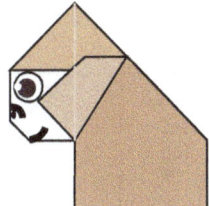
Gorilla
Page 40

Ice Cream
Page 41

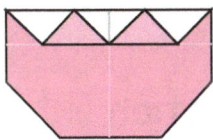
Tulip
Page 42

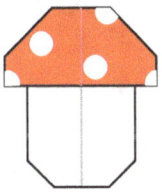
Mushroom
Page 43

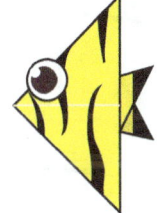
Angelfish
Page 44

Dog
Page 45

Santa Cap
Page 46

SYMBOLS

LINES

----------------   Valley fold, fold in front

————————   Crease line

ARROWS

⟵⟶   Fold and unfold

⟶   Fold in this direction

   Turn over

⇢   Zig-zag fold

⇨   Sink or three dimensional folding

➡   Place your finger between these layers

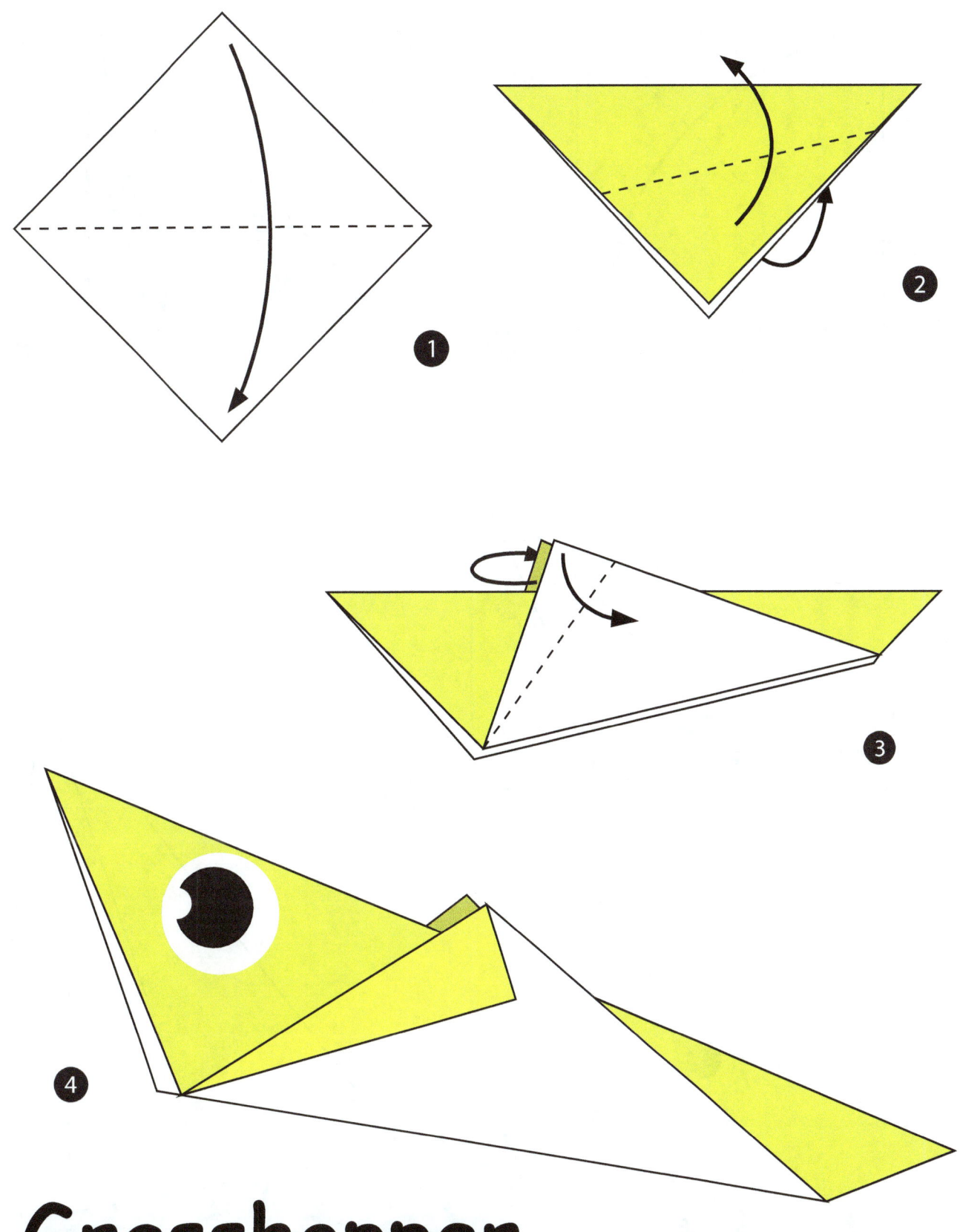

Grasshopper

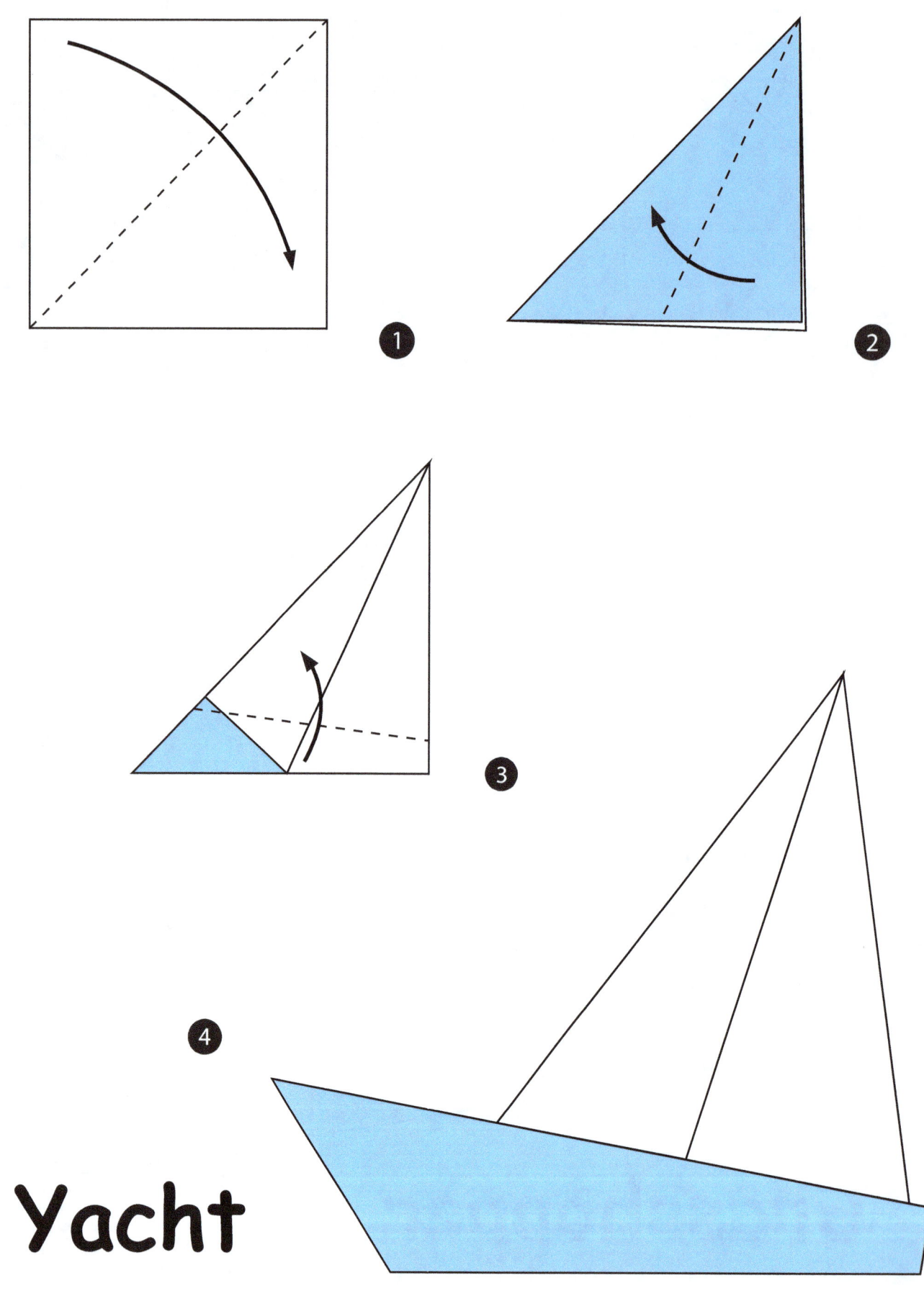

Yacht

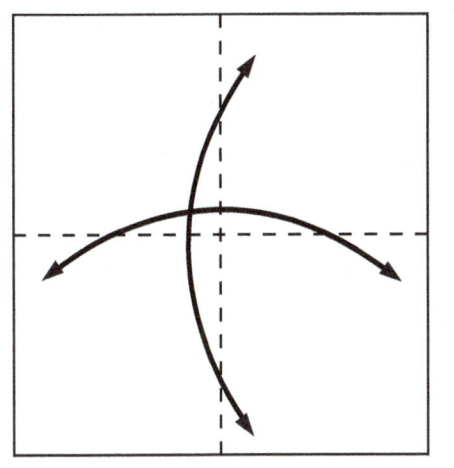
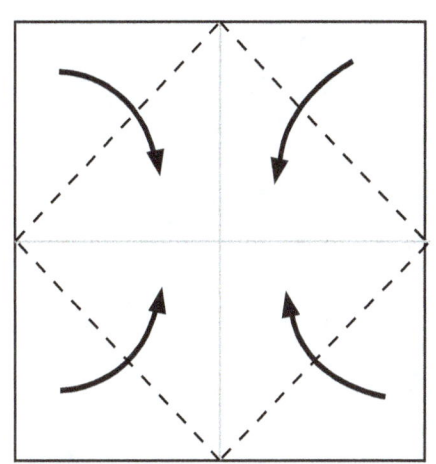
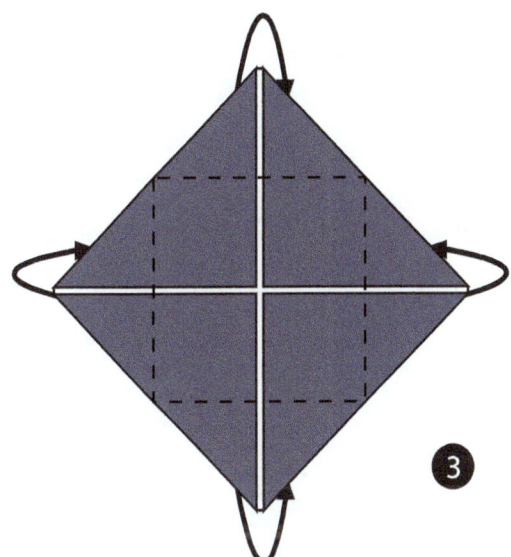

Window

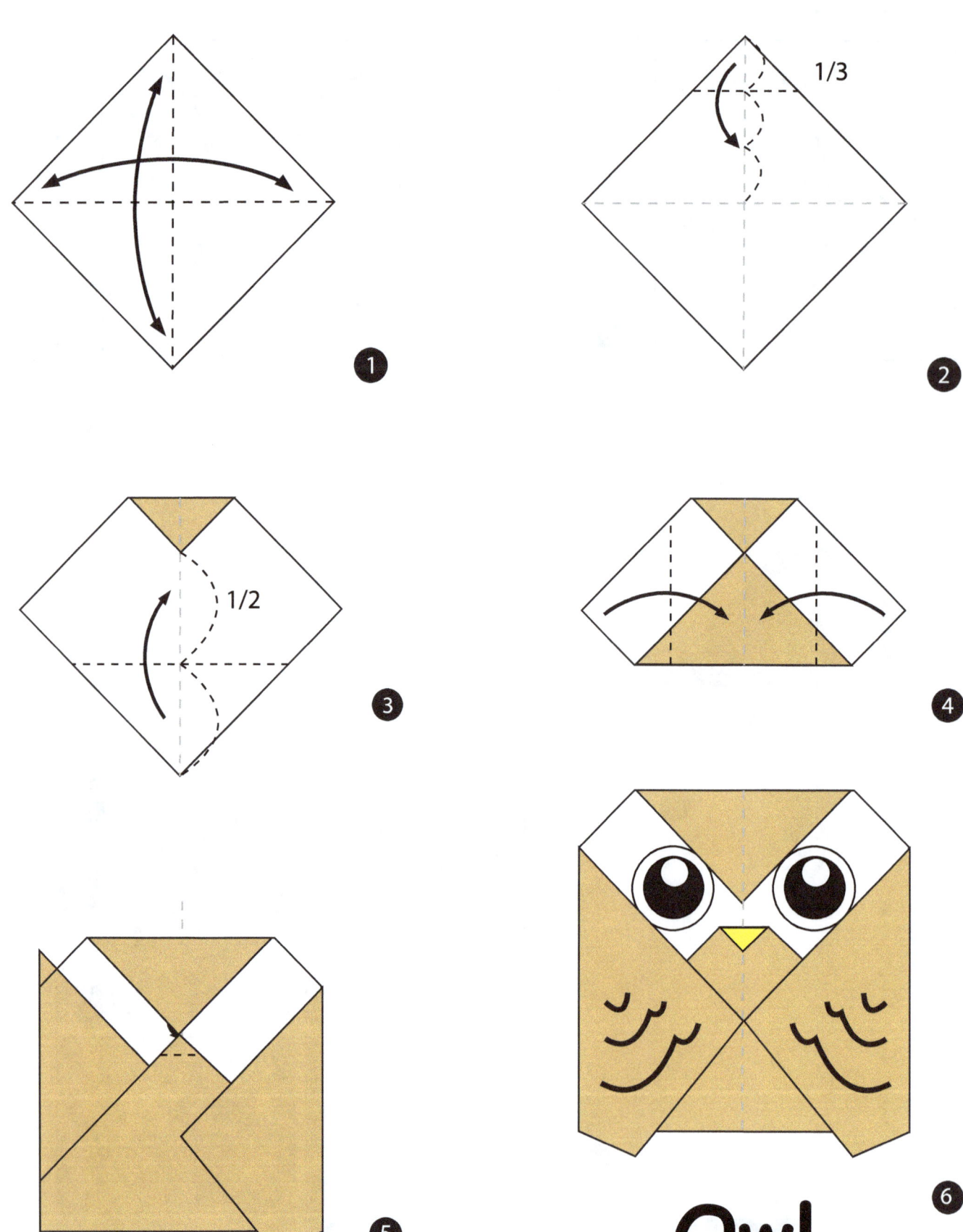

Owl

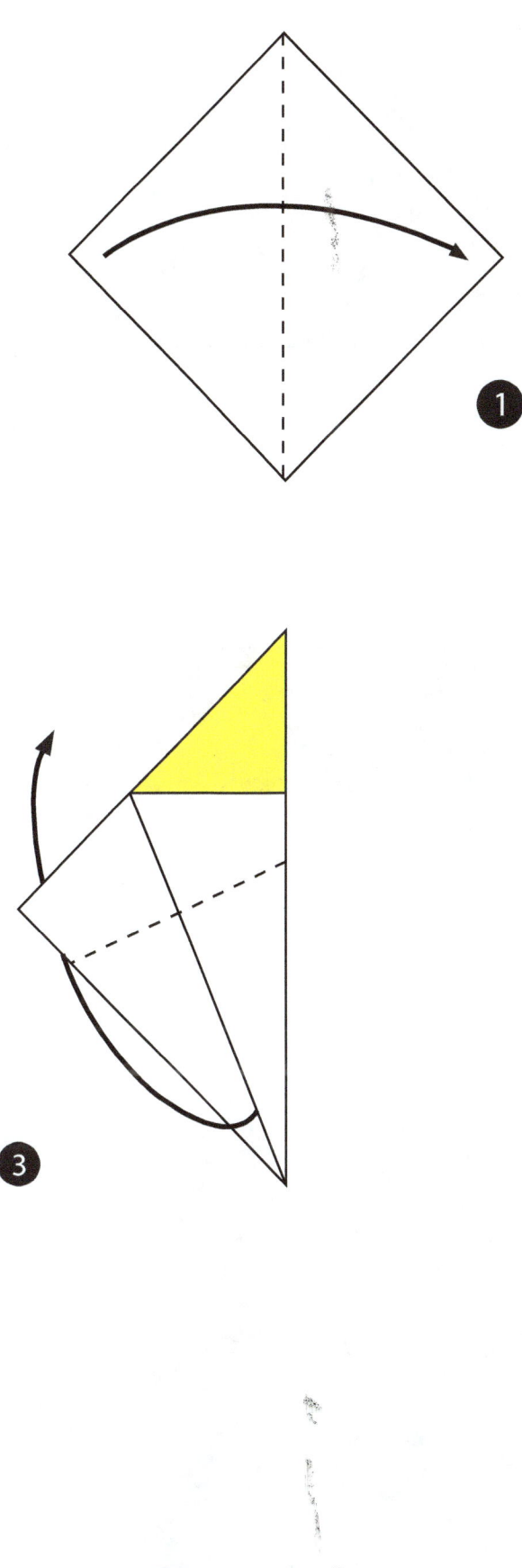
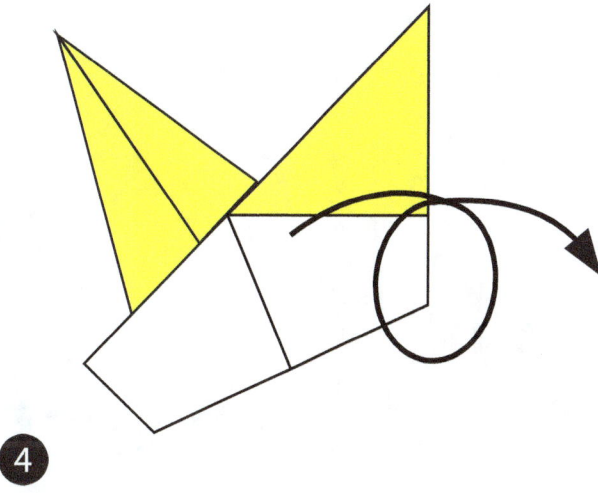
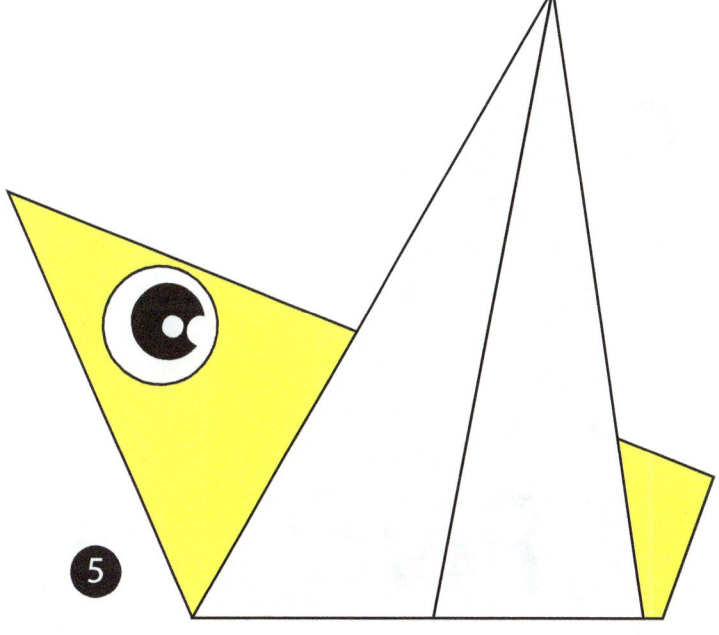

Bird

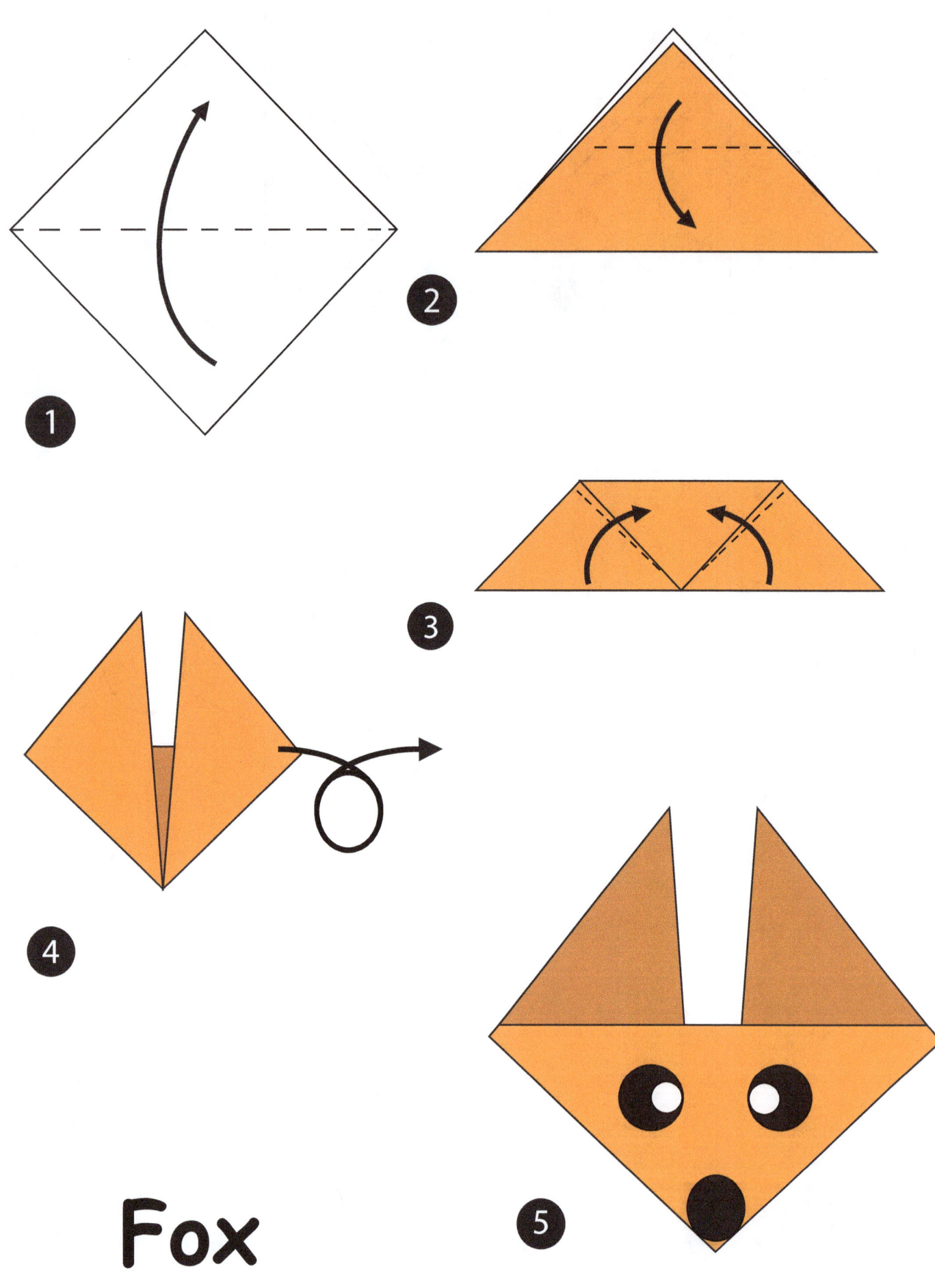

Fox

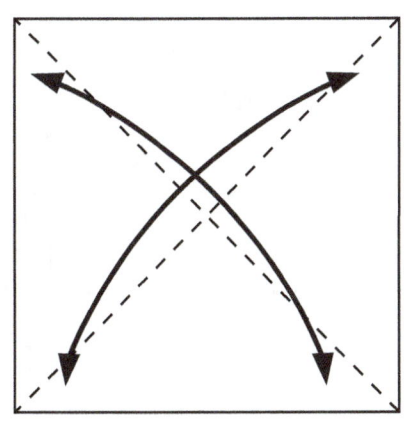
1

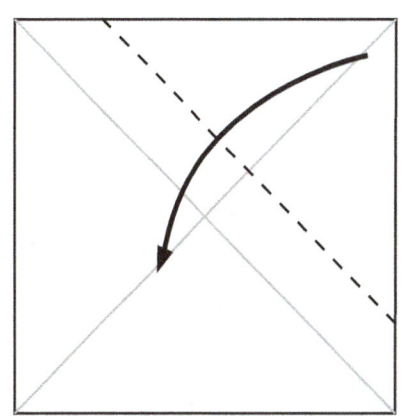
2

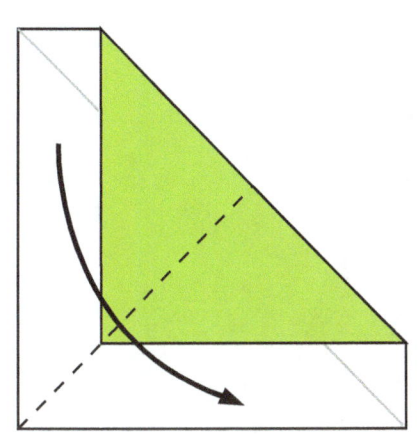
3

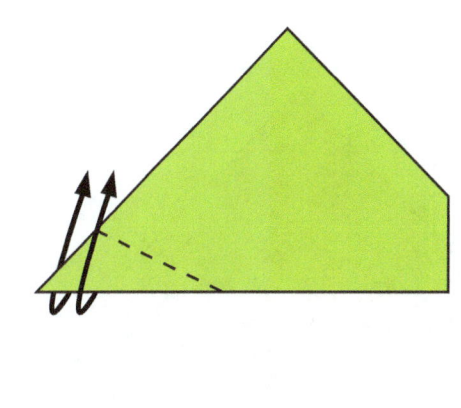
4

Turtle

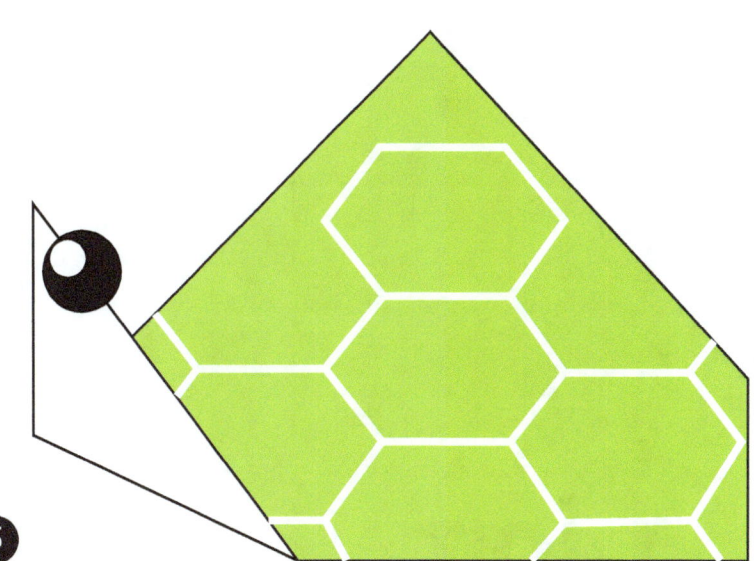
5

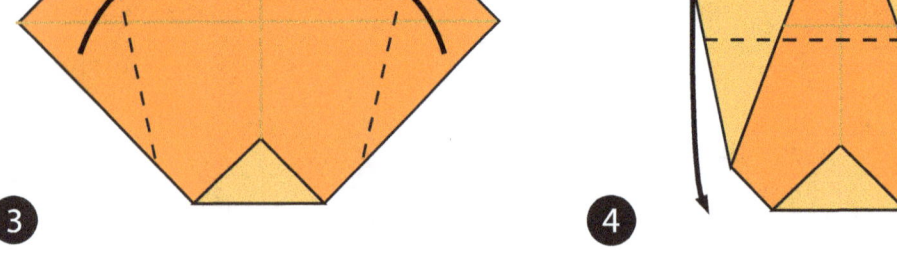

Lion

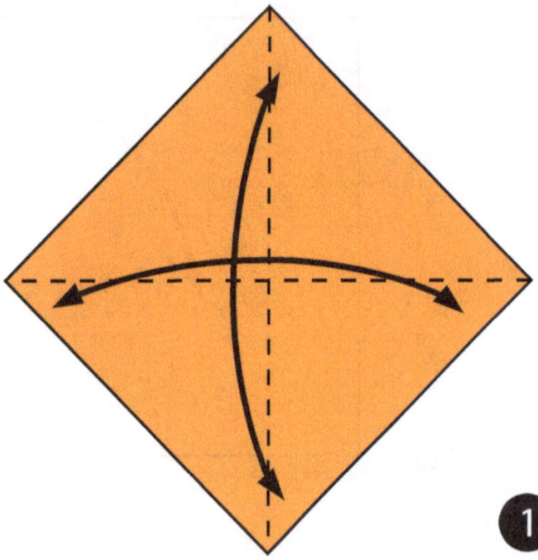

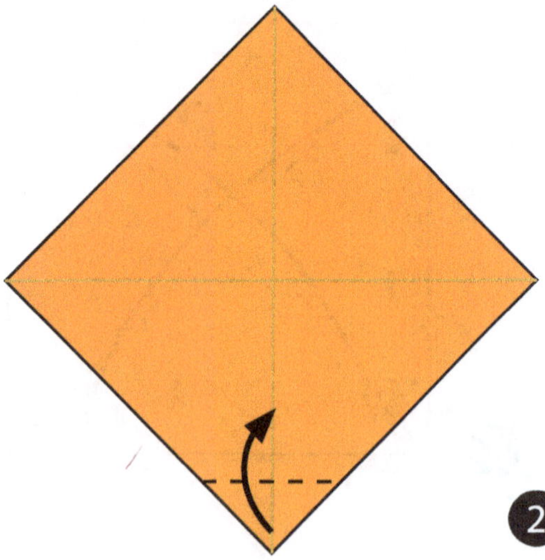

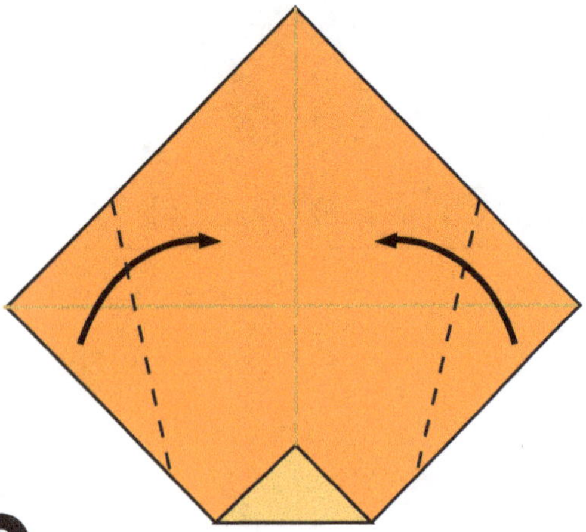

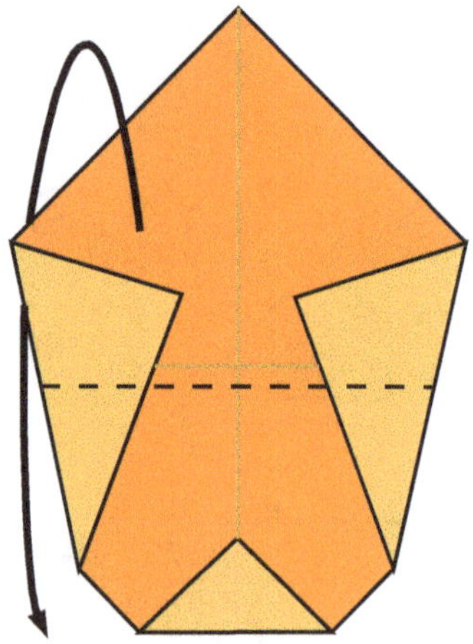

Leaf

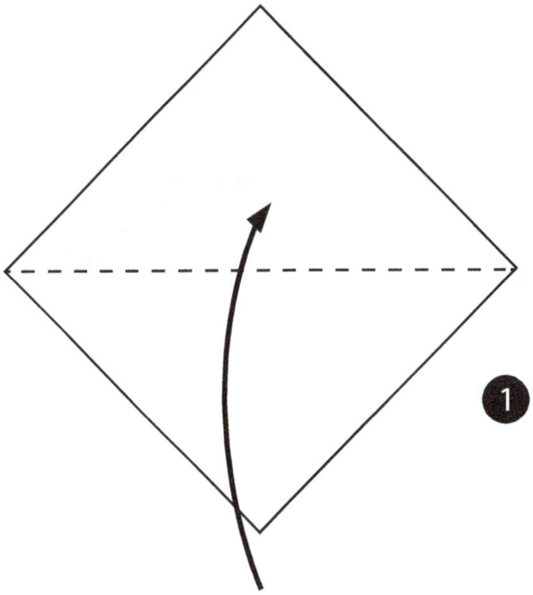

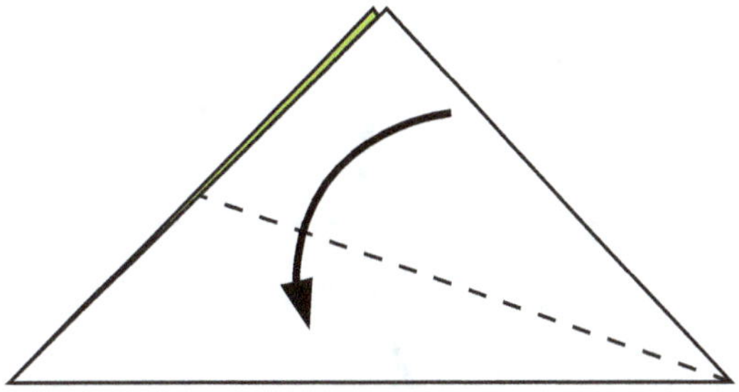

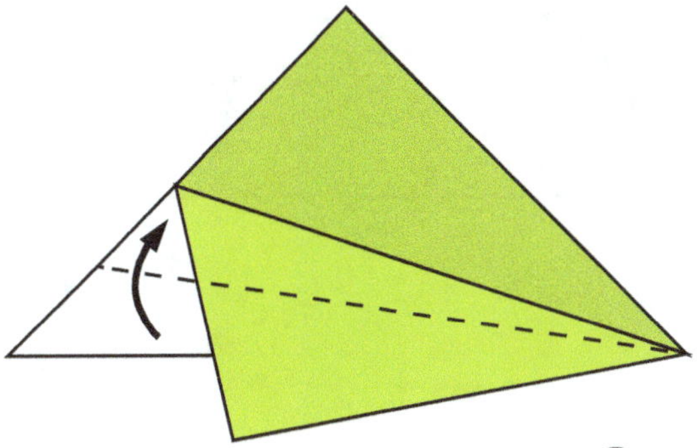

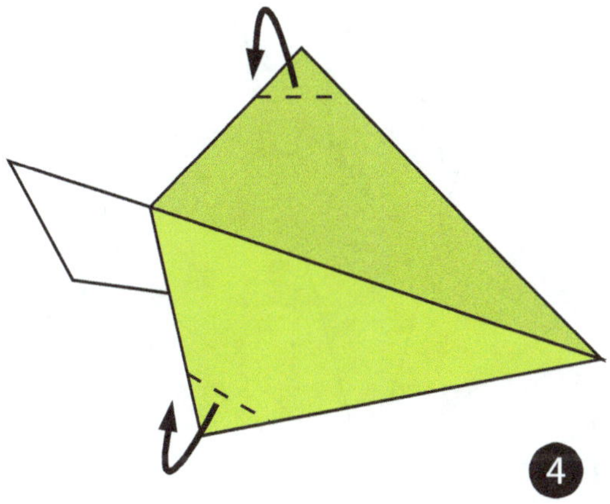

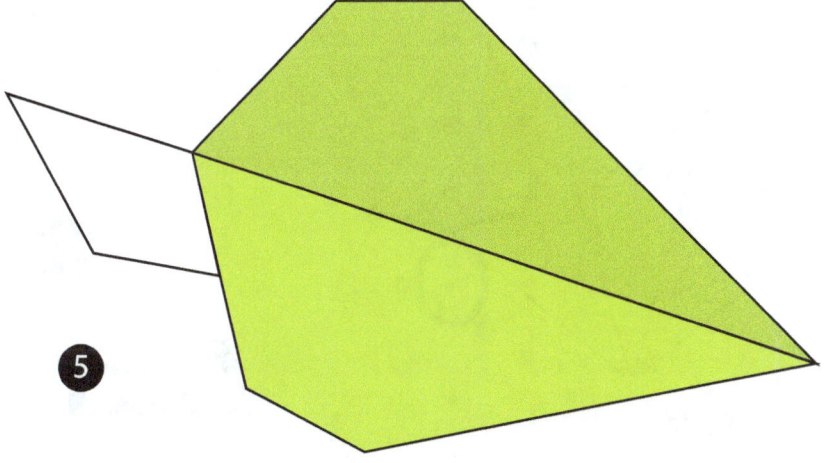

Cat

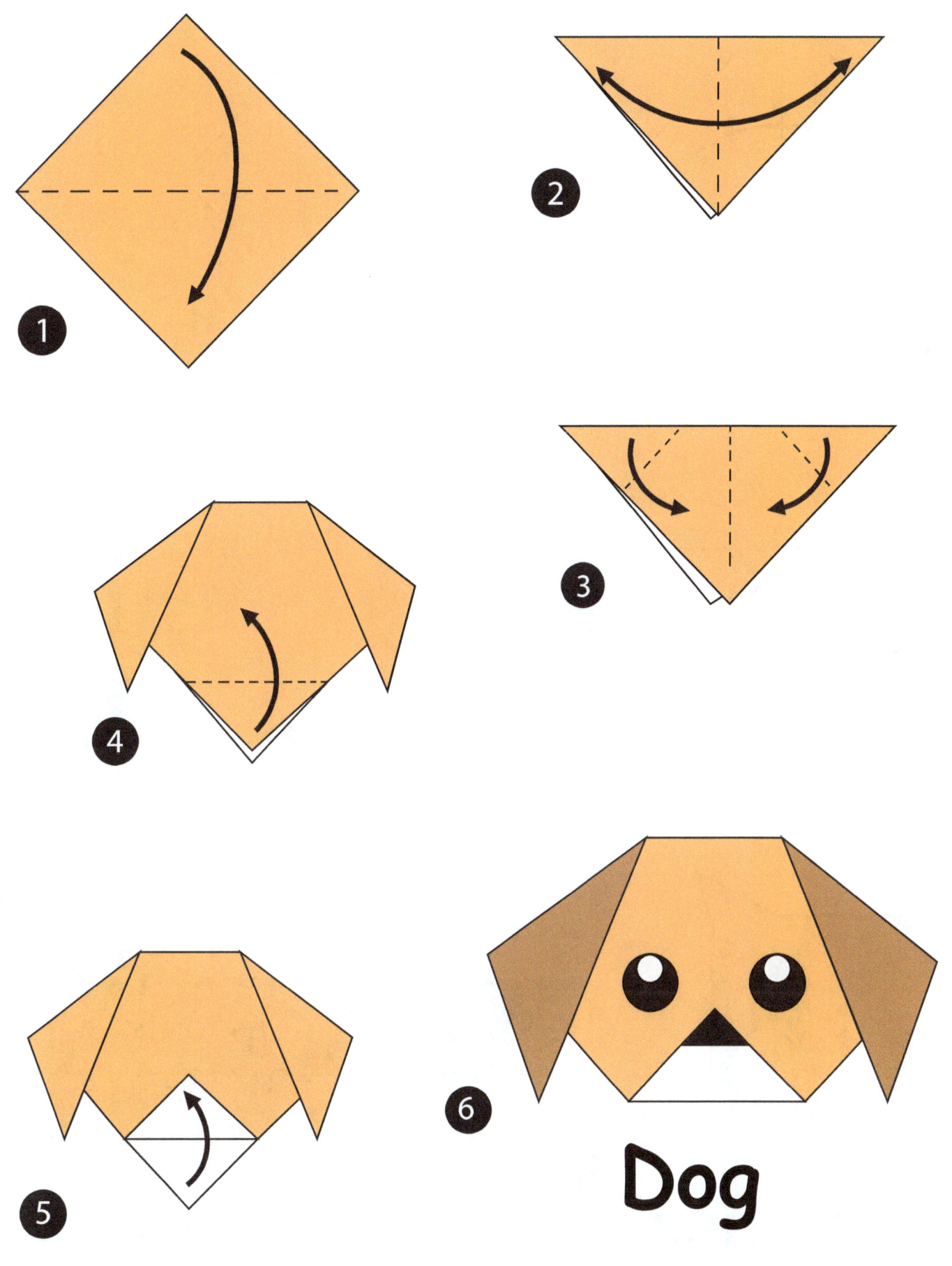

Dog

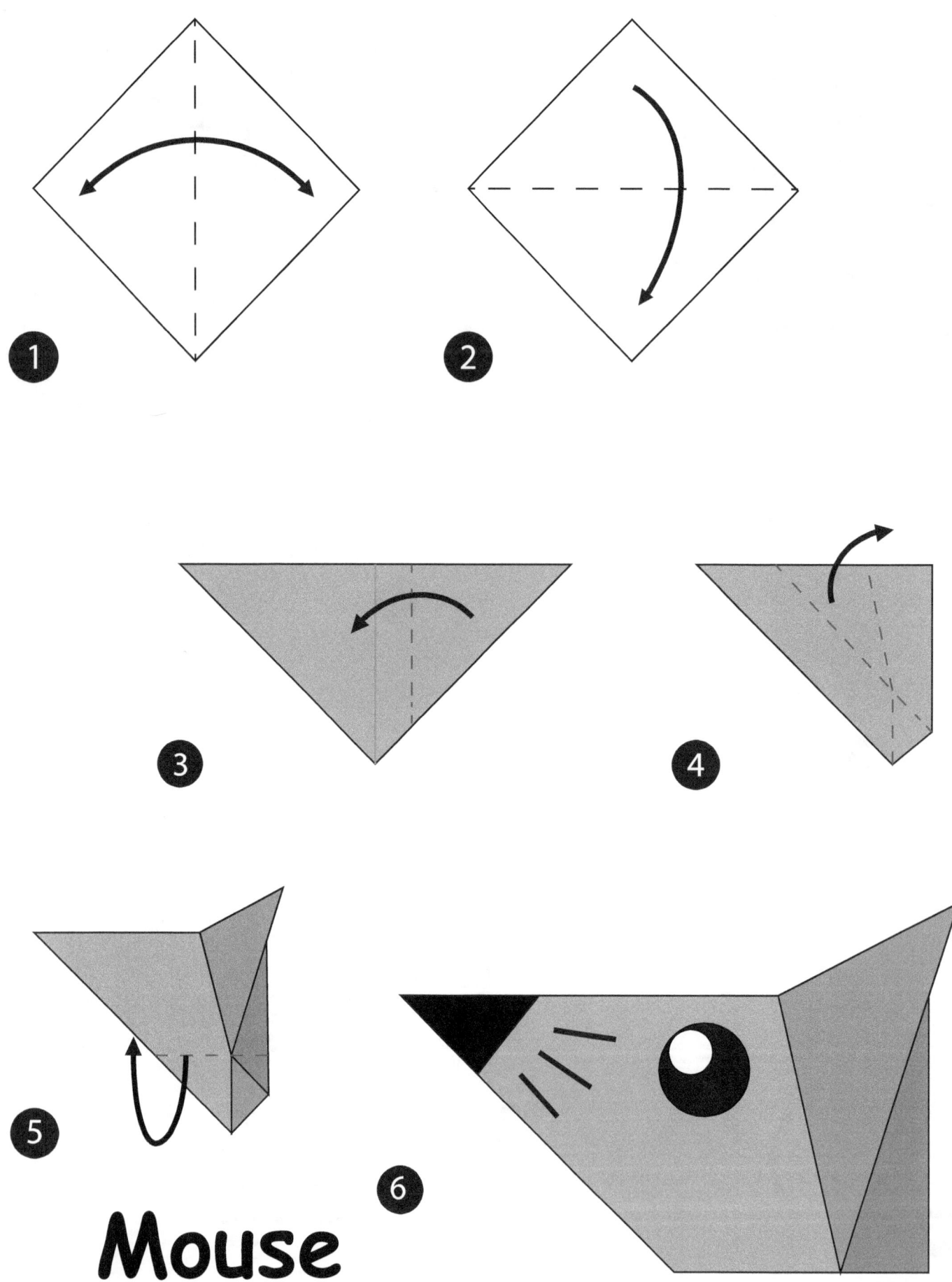

Mouse

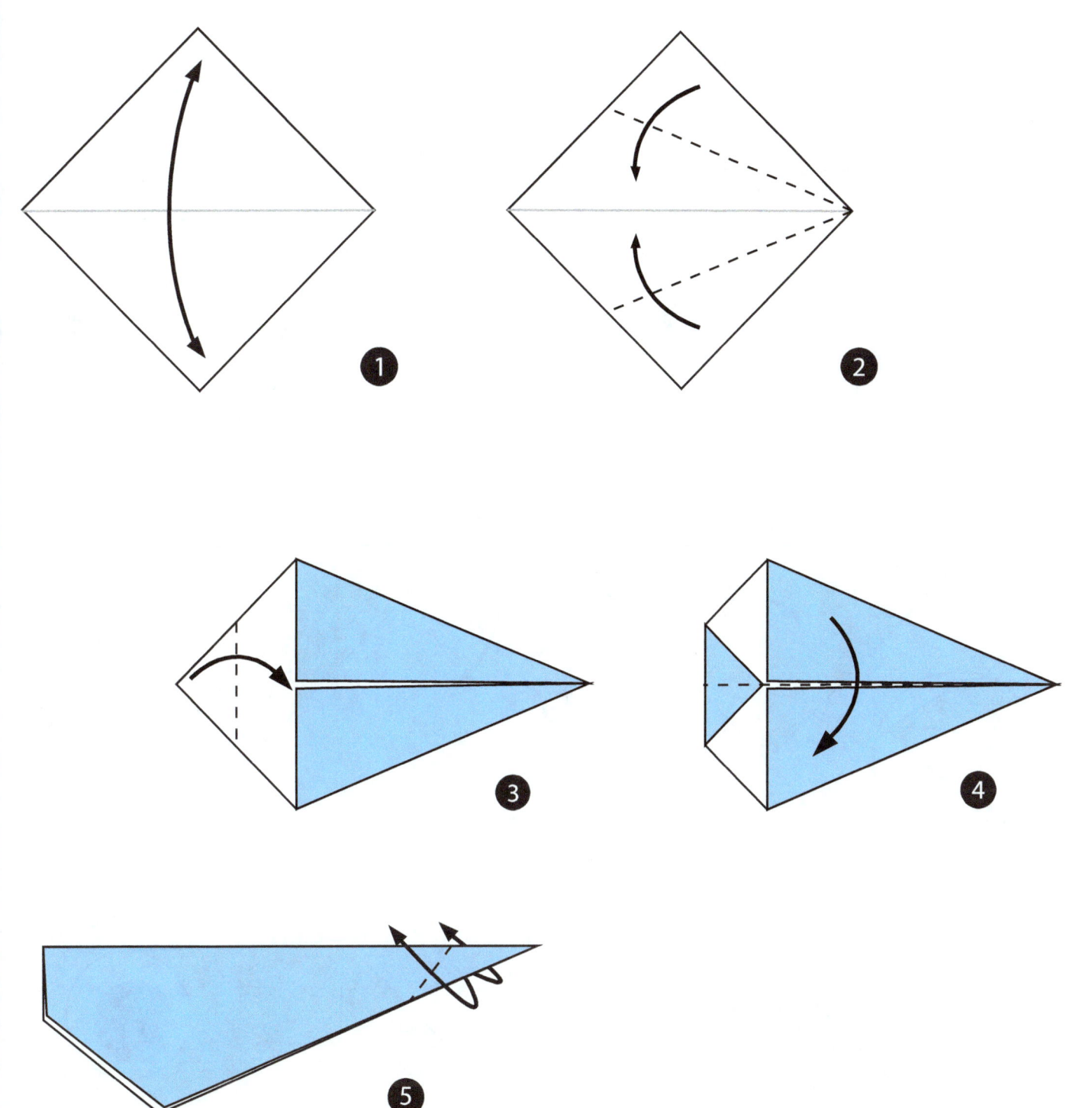

Whale

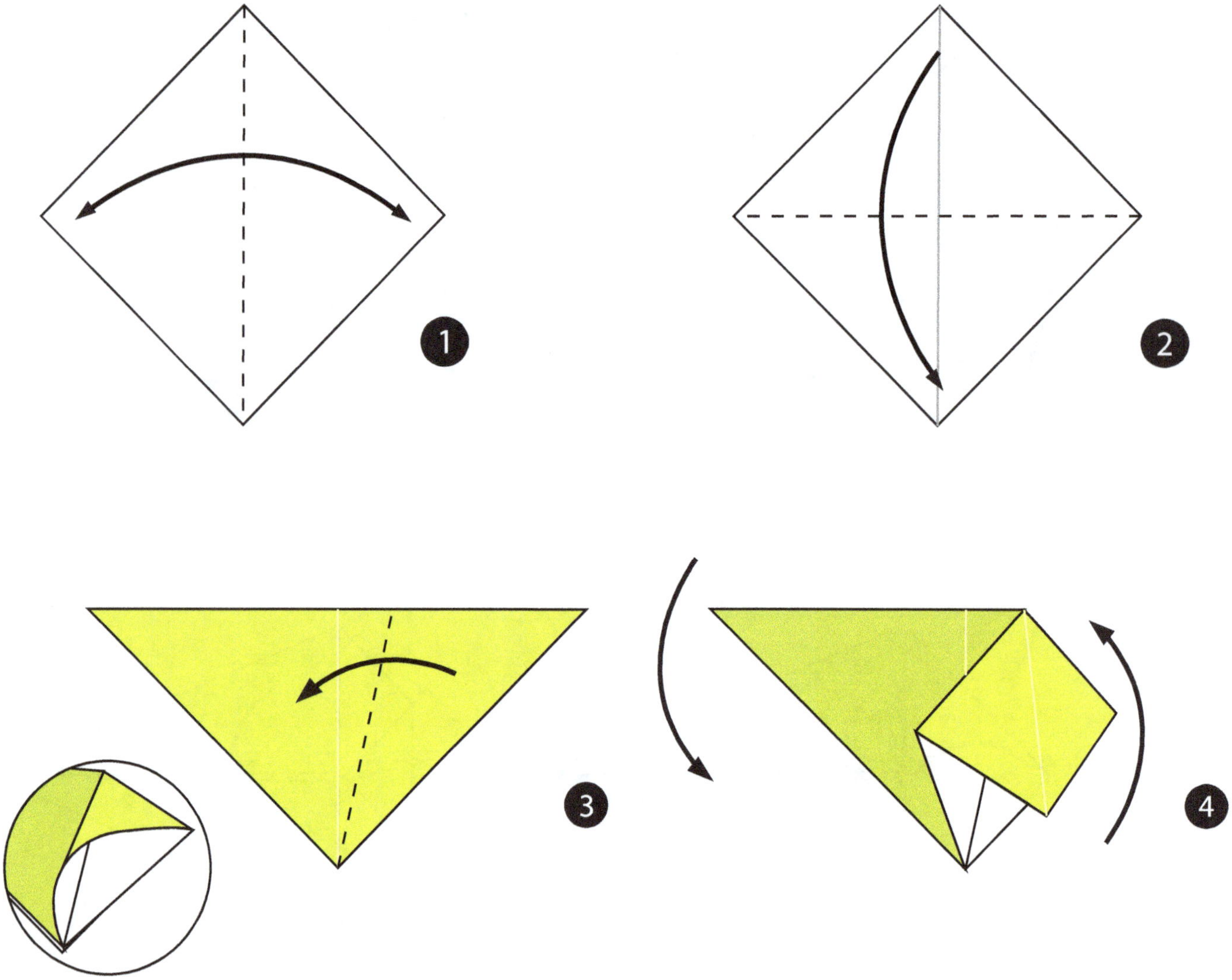

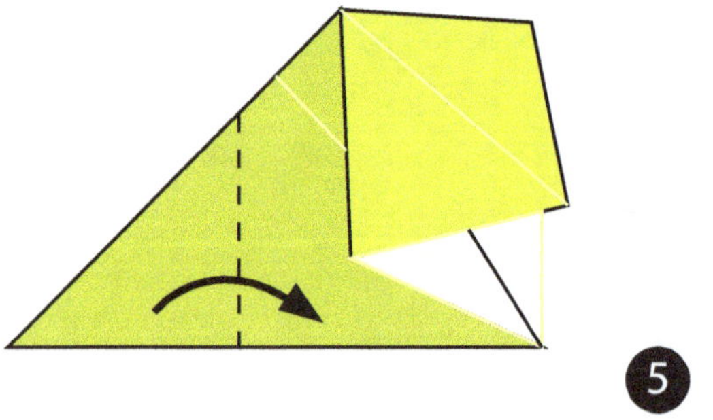

Frog

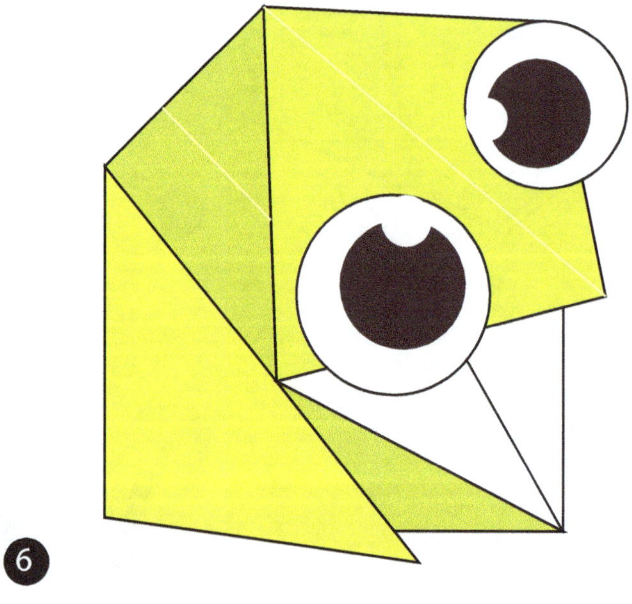

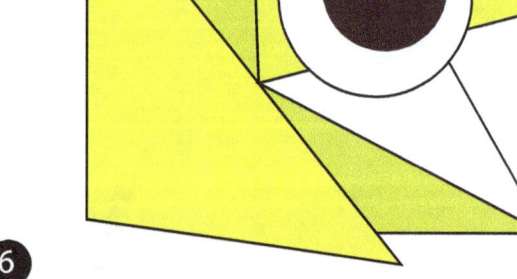

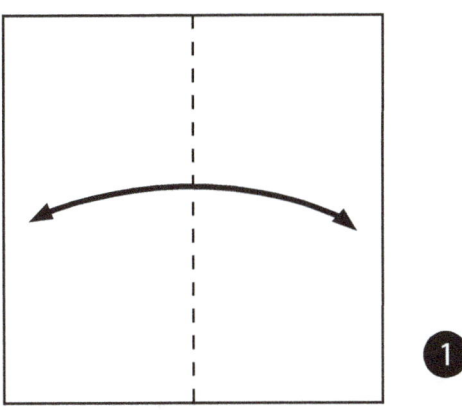
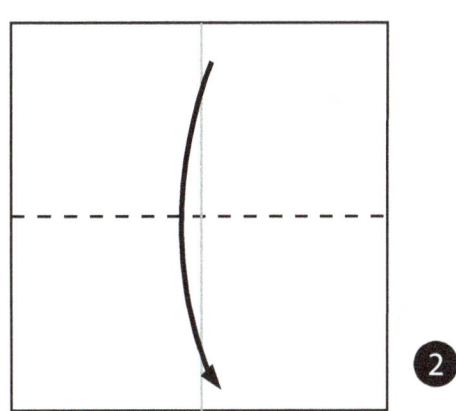
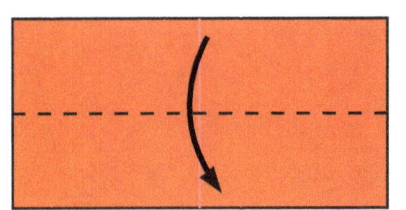
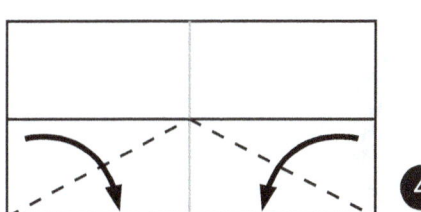
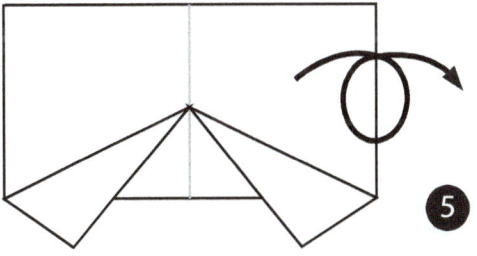

Bus

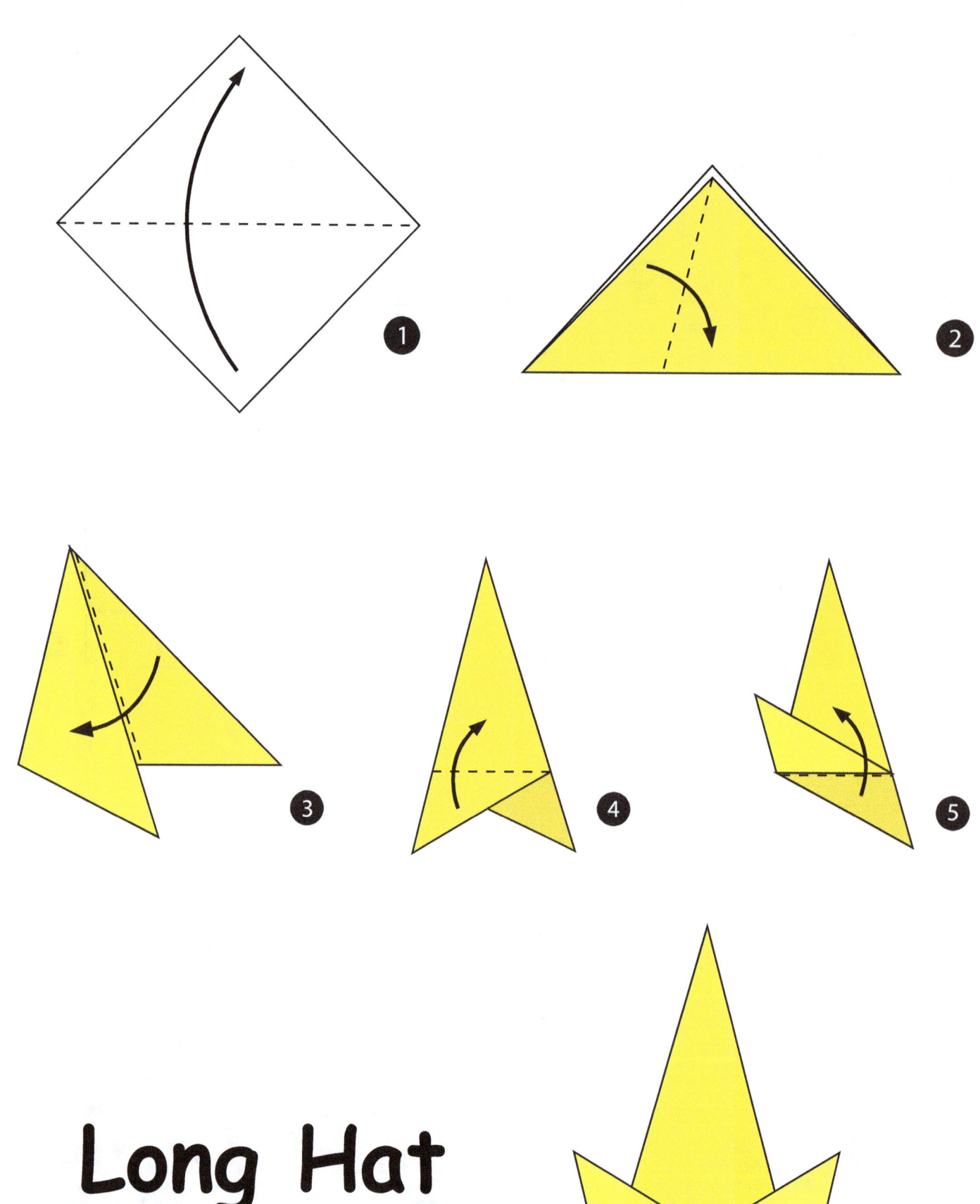

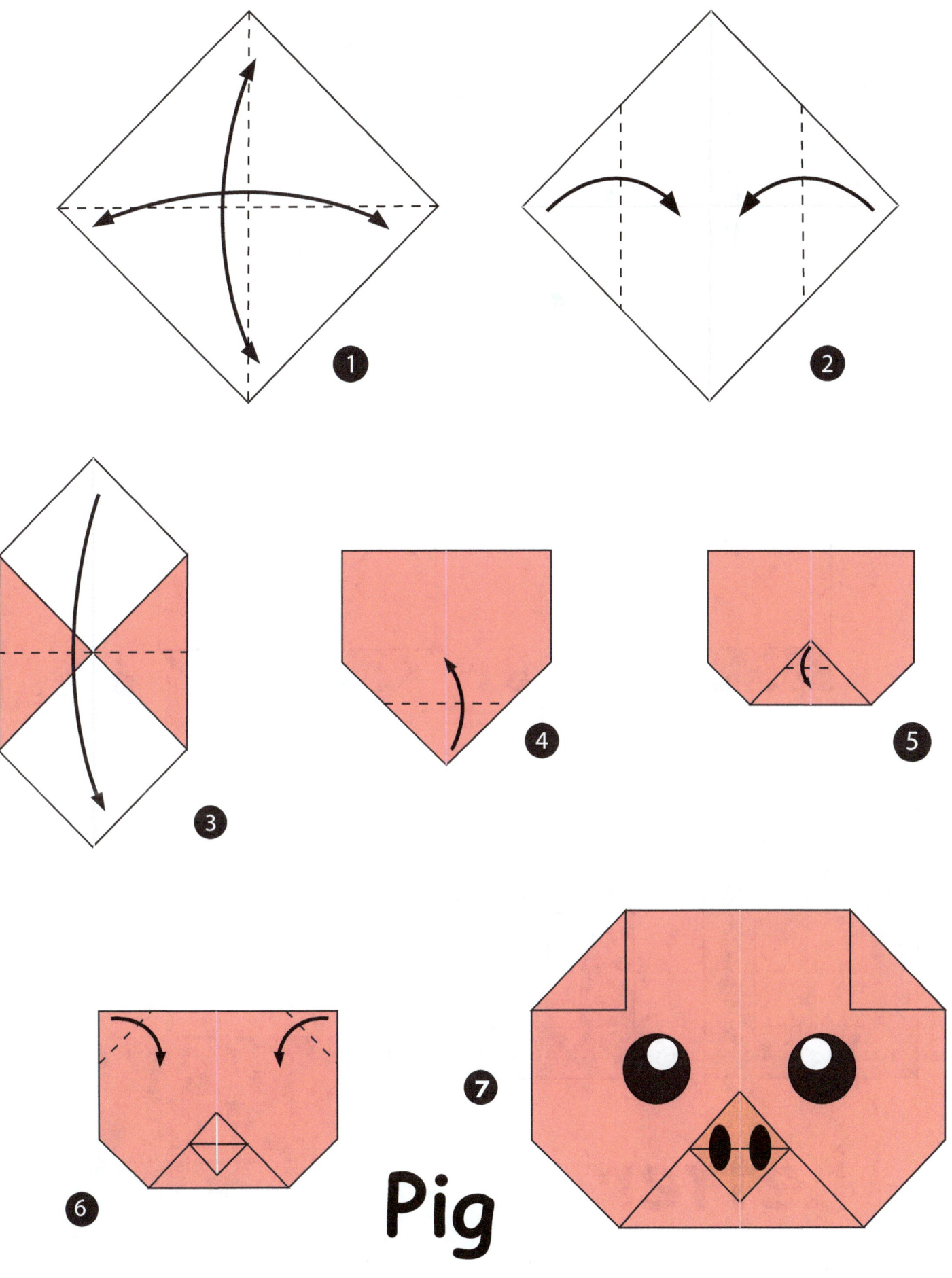

Pig

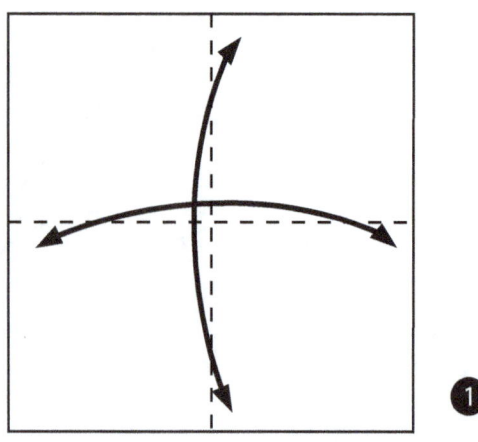
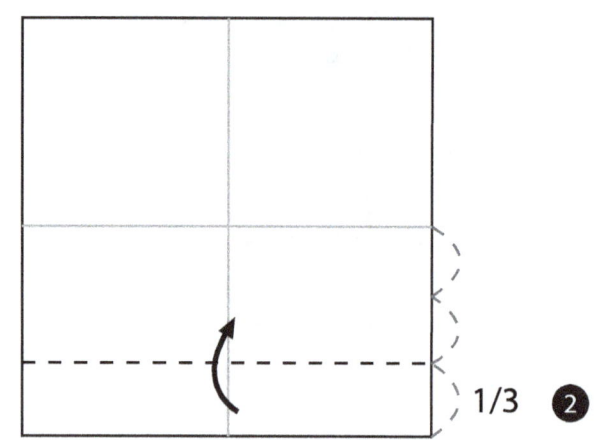

1/3

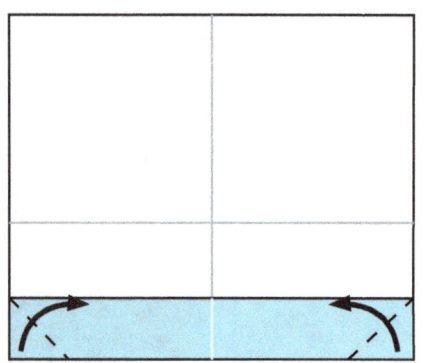
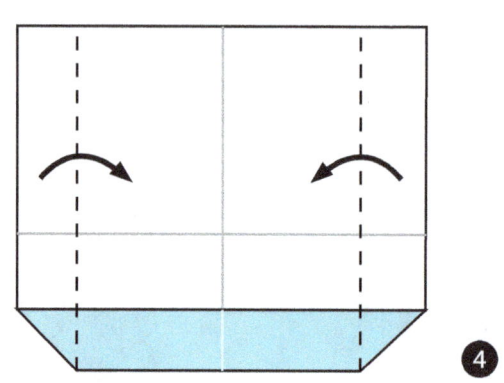

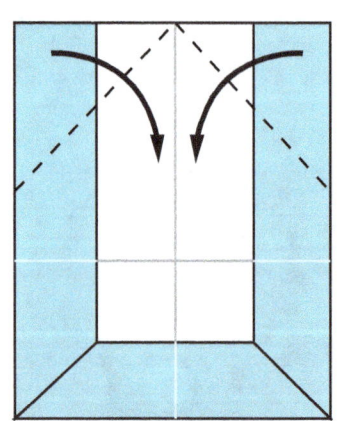
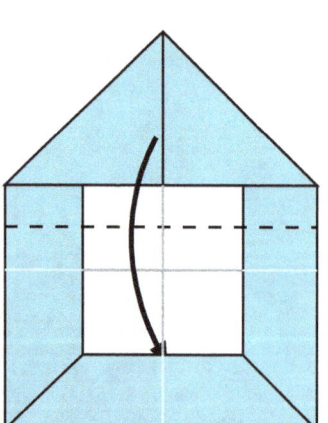

Letter

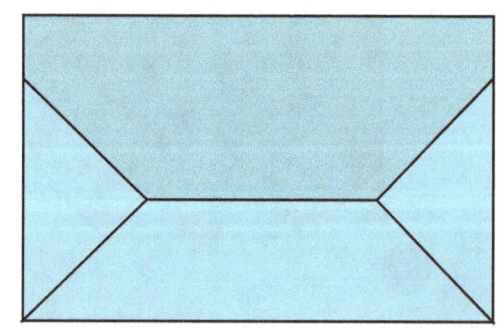

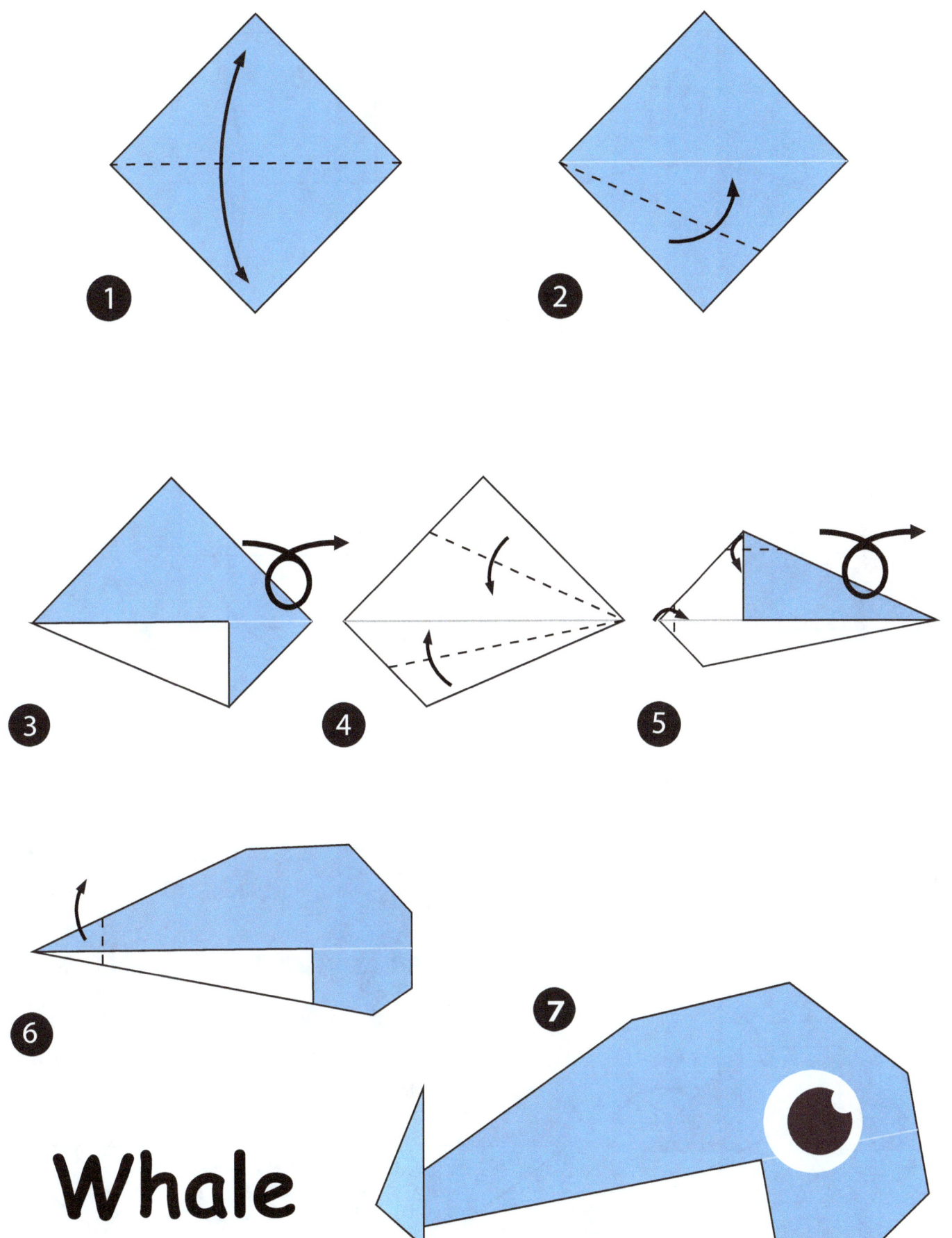

Whale

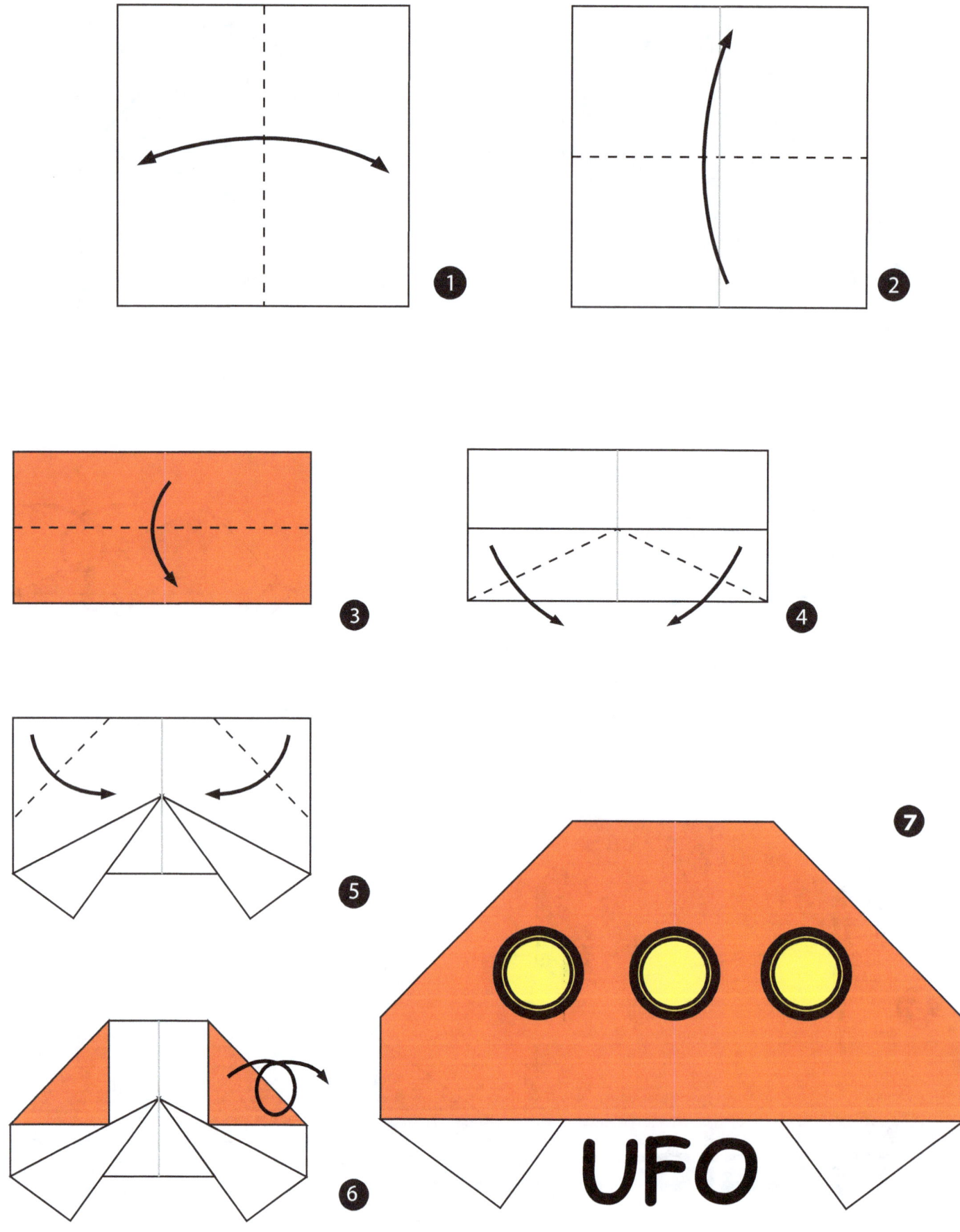

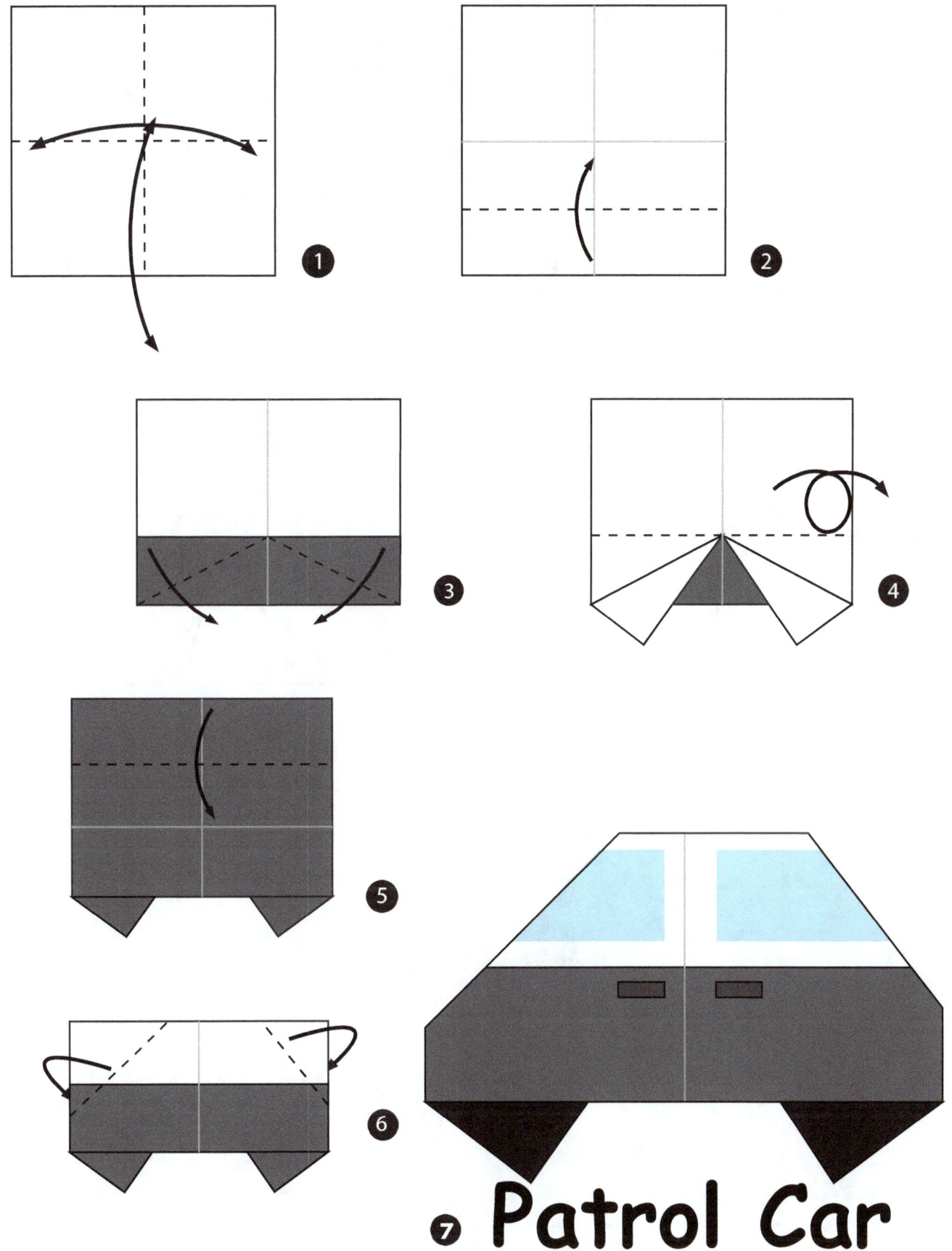

Patrol Car

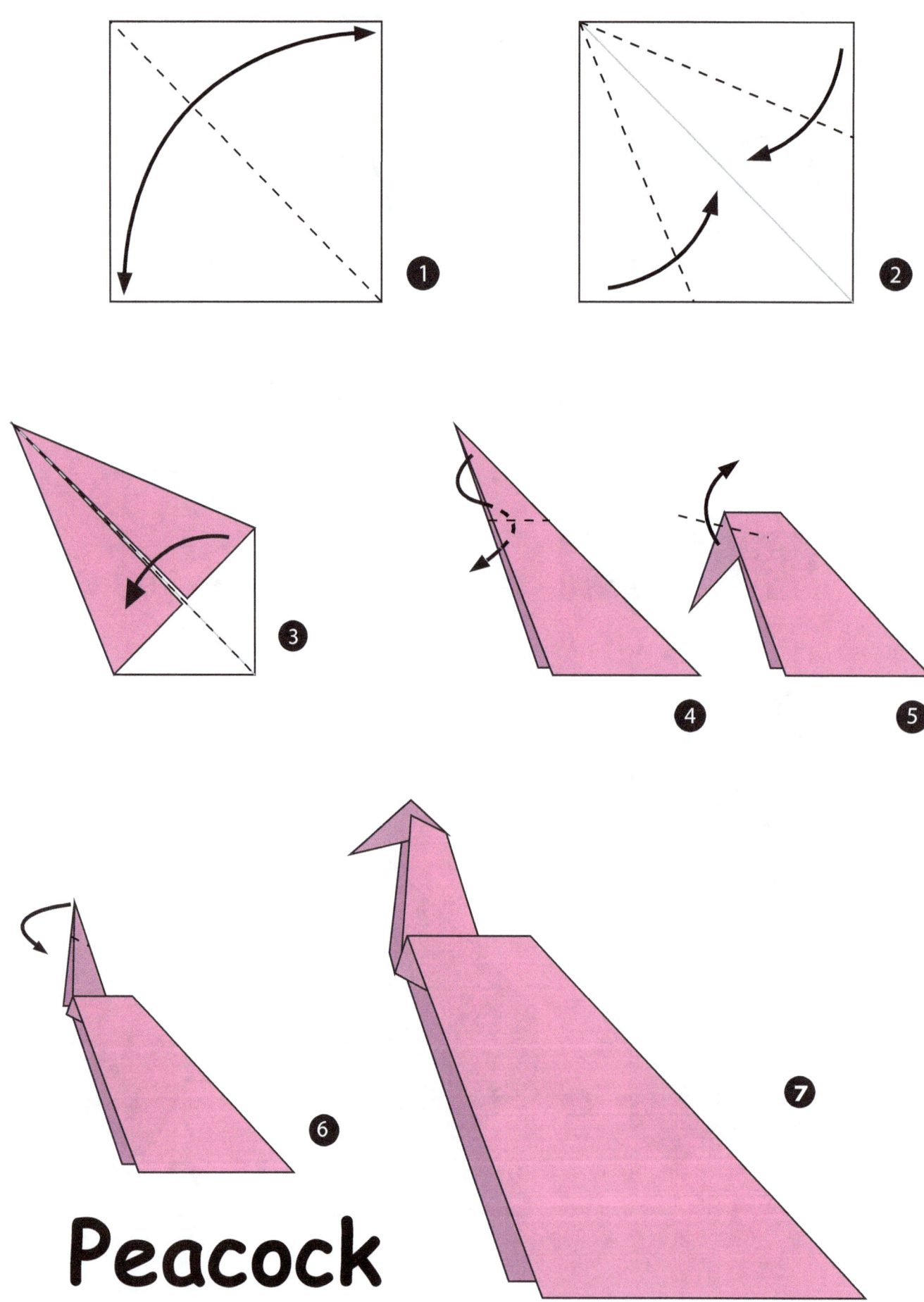

Peacock

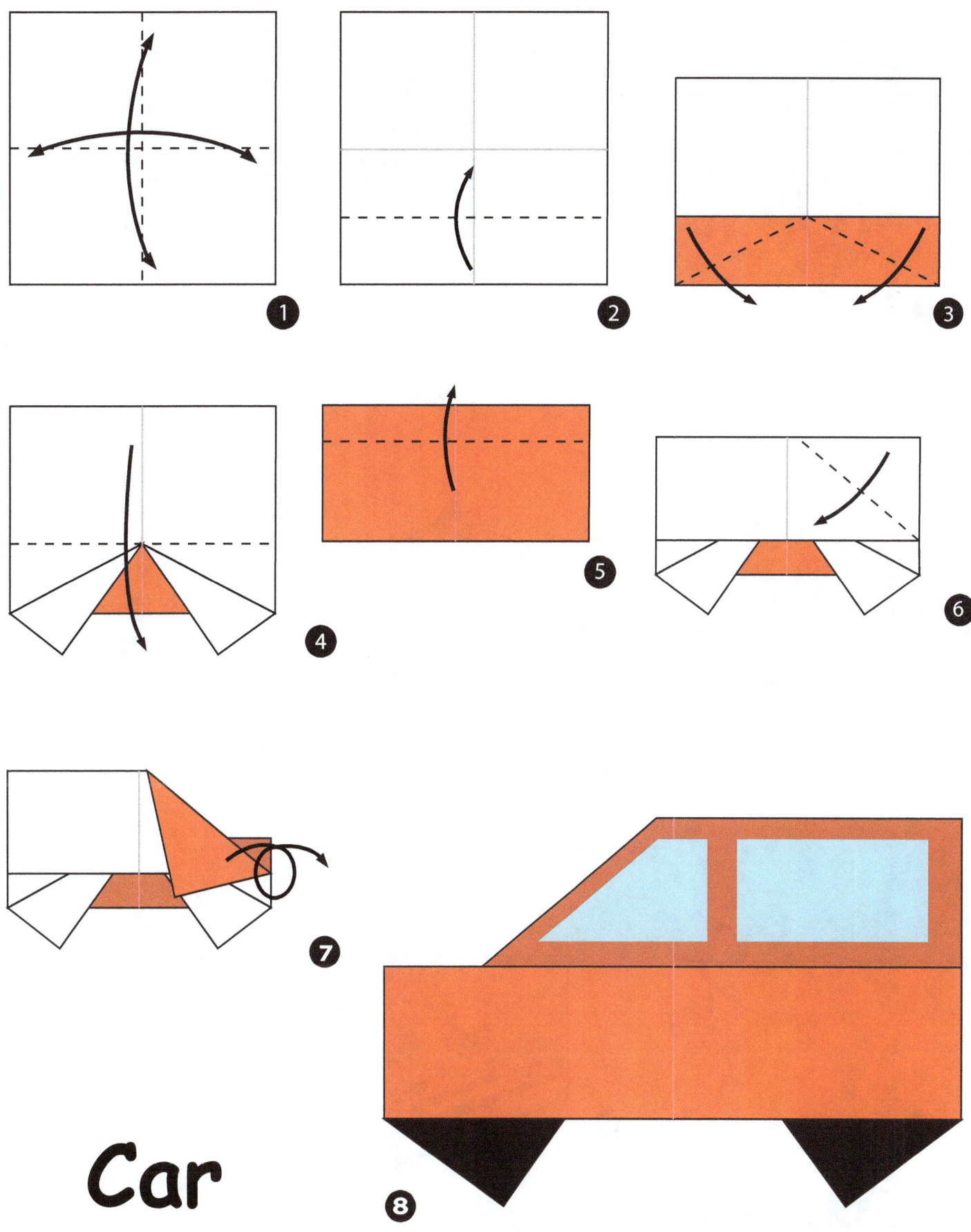

Car

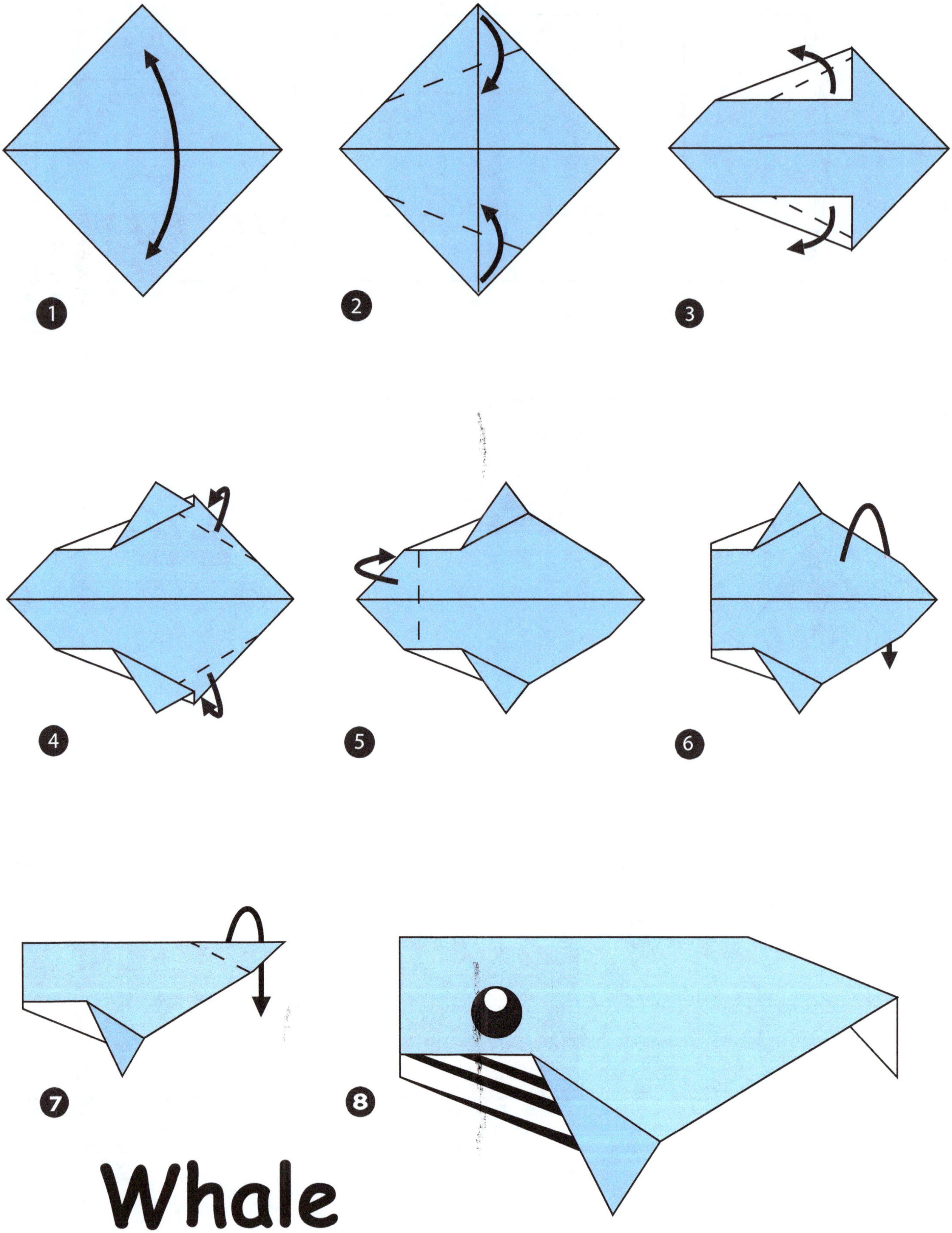

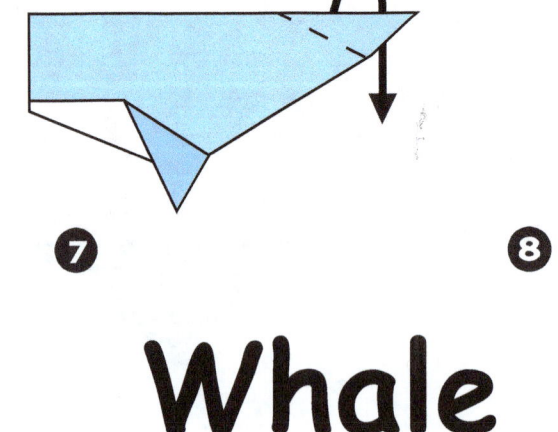
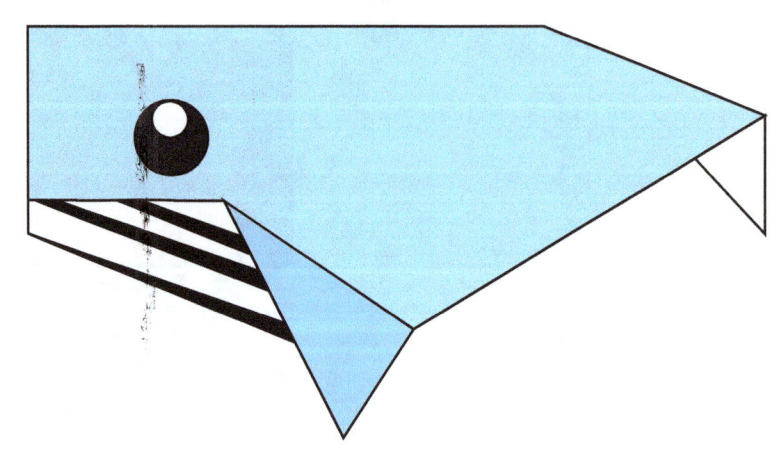

Whale

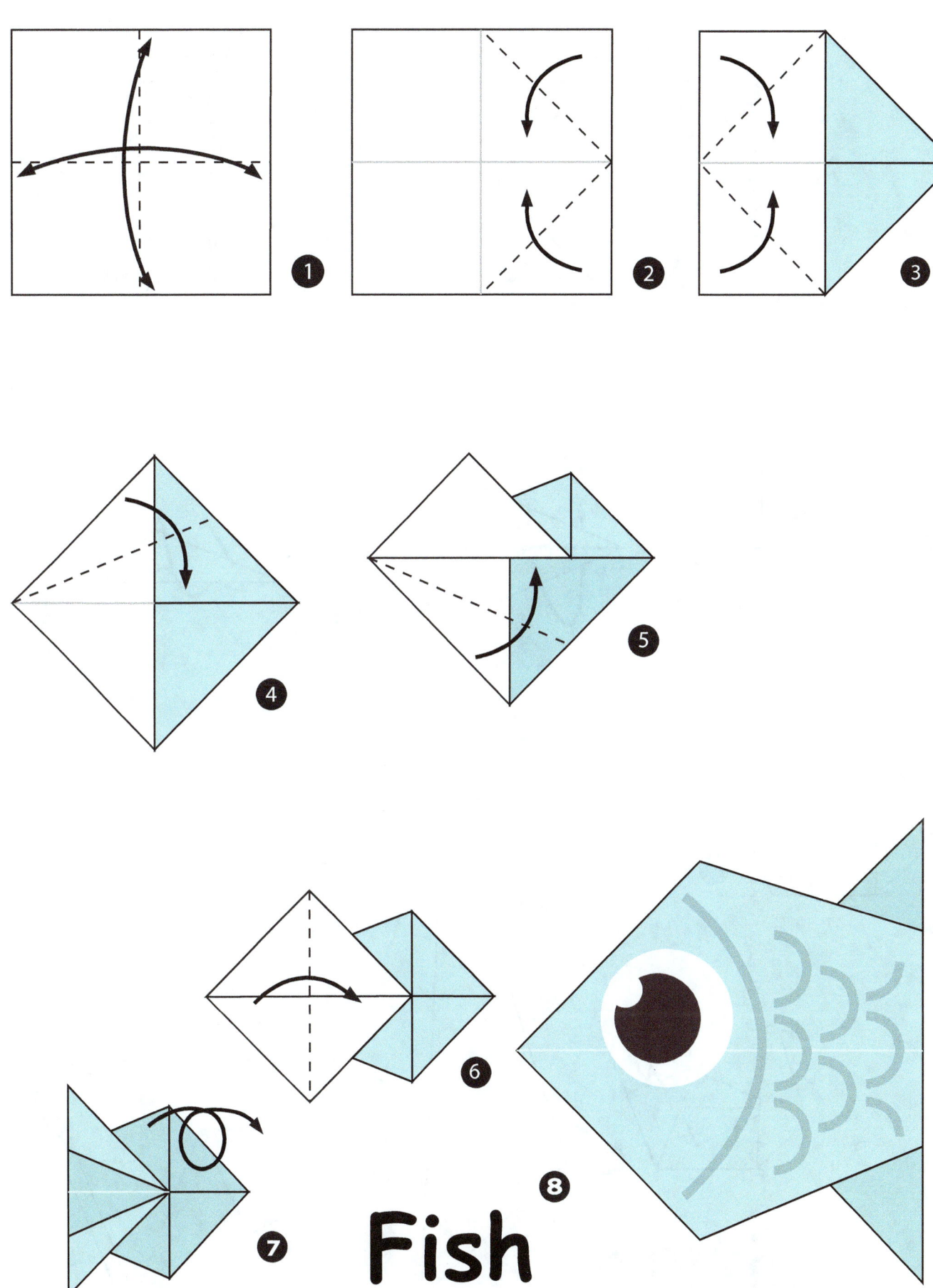

Fish

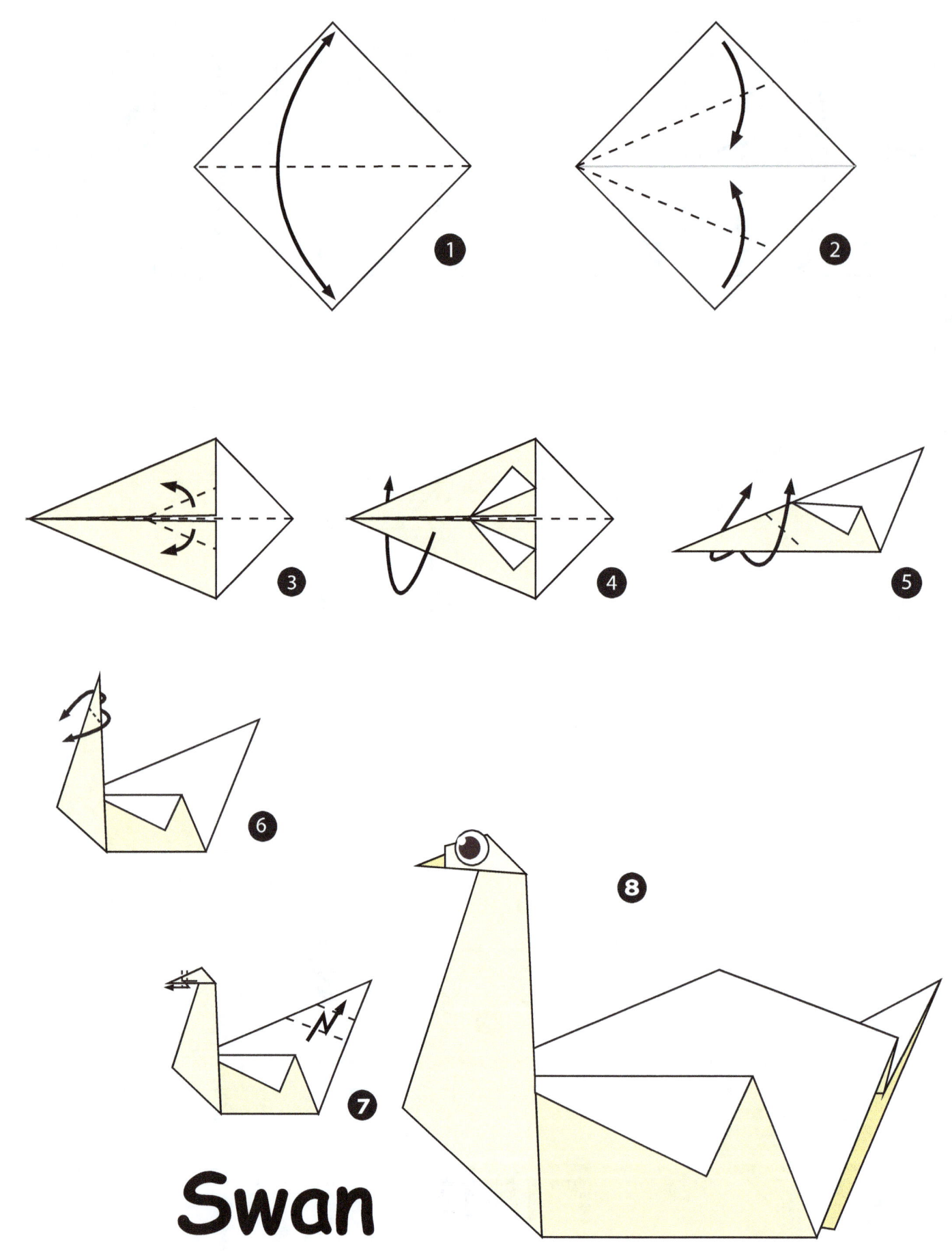

Swan

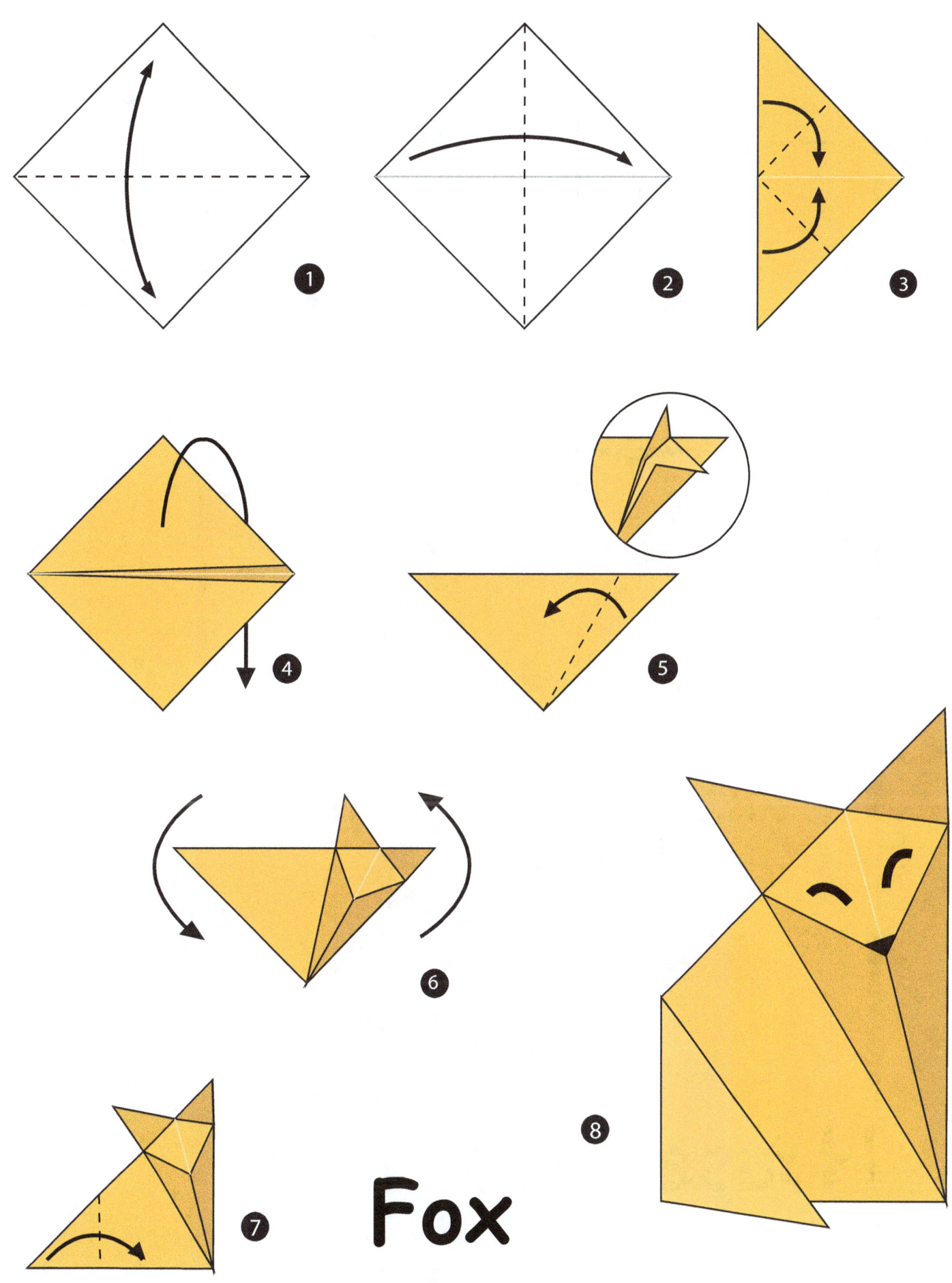

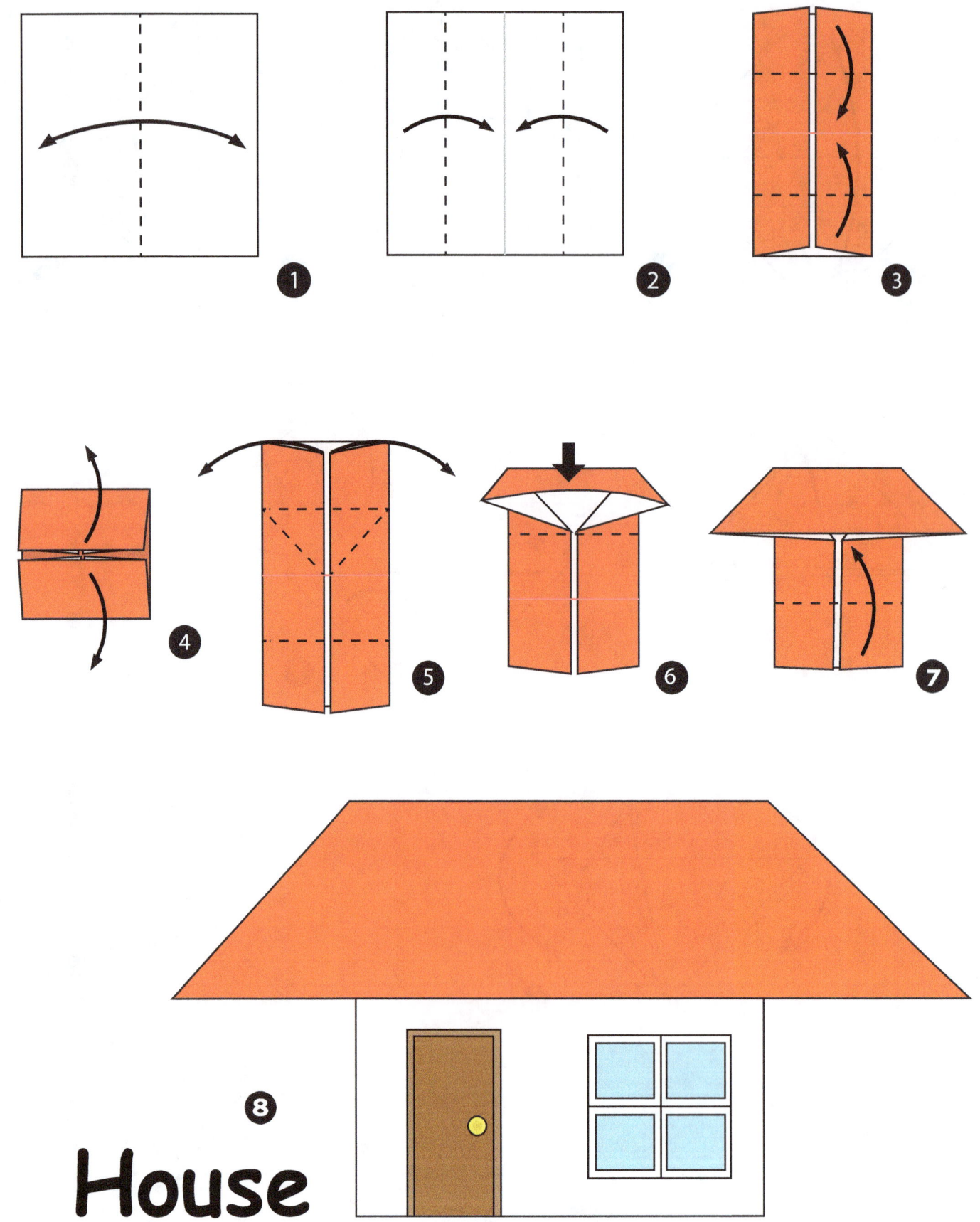

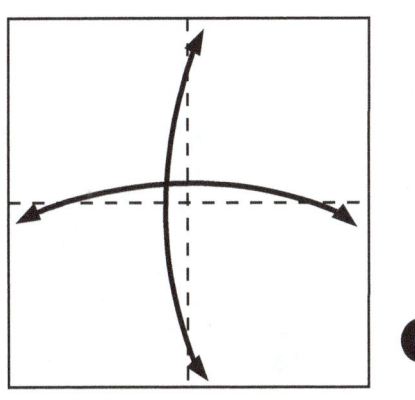
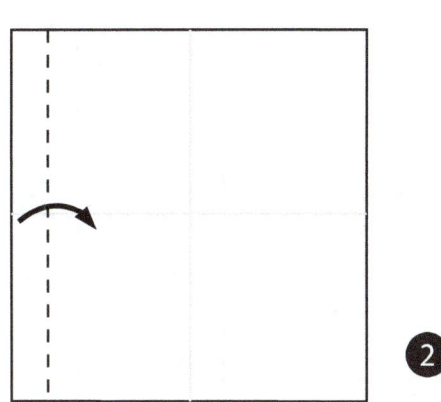
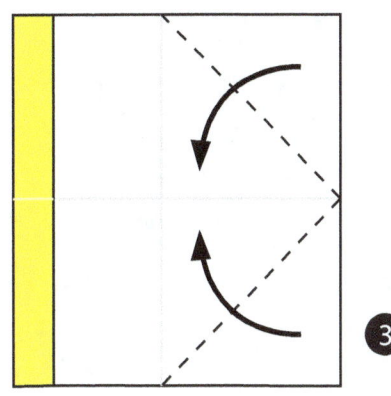
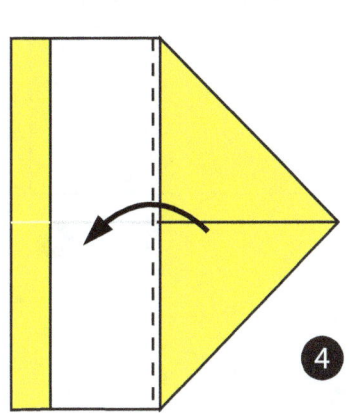
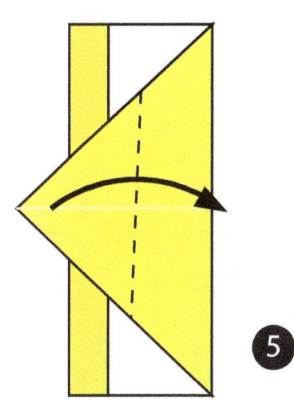
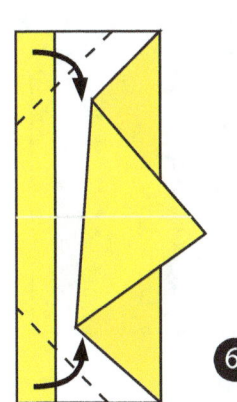
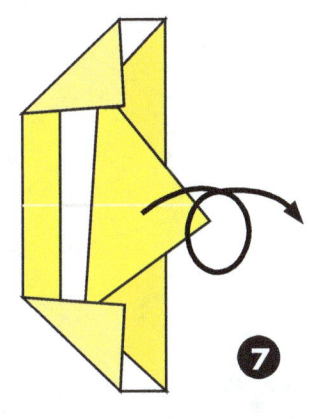

Moon

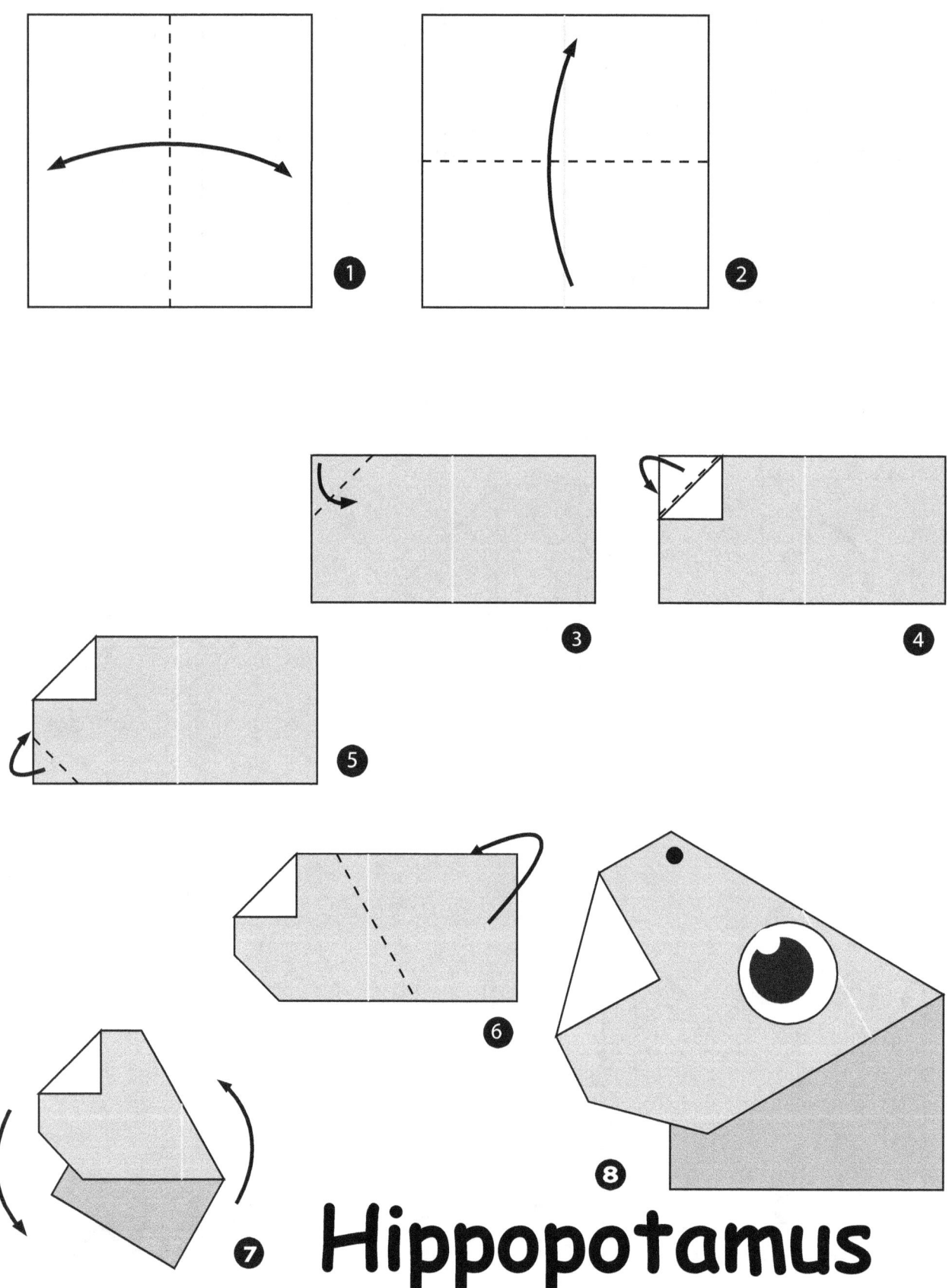

Hippopotamus

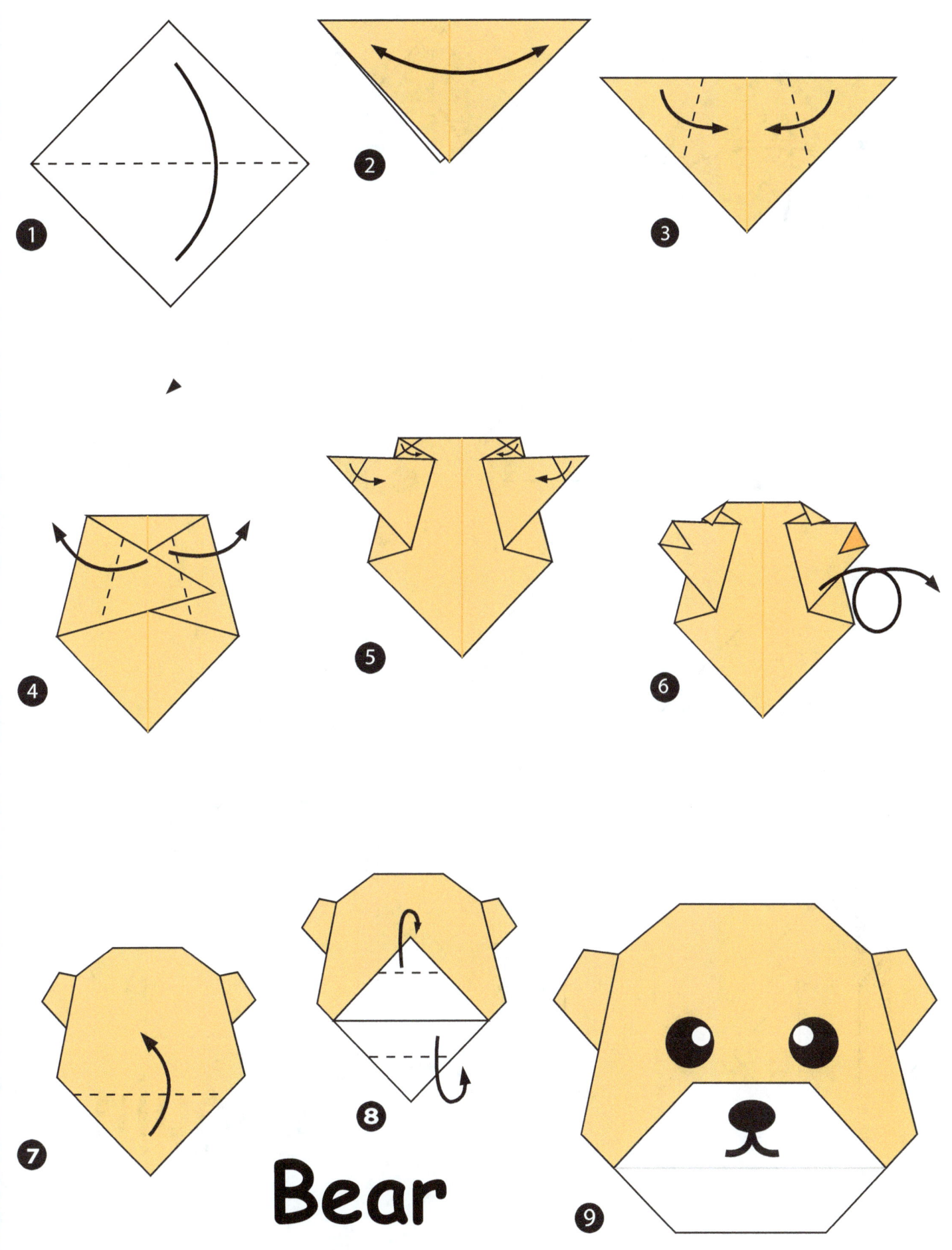

Bear

Penguin

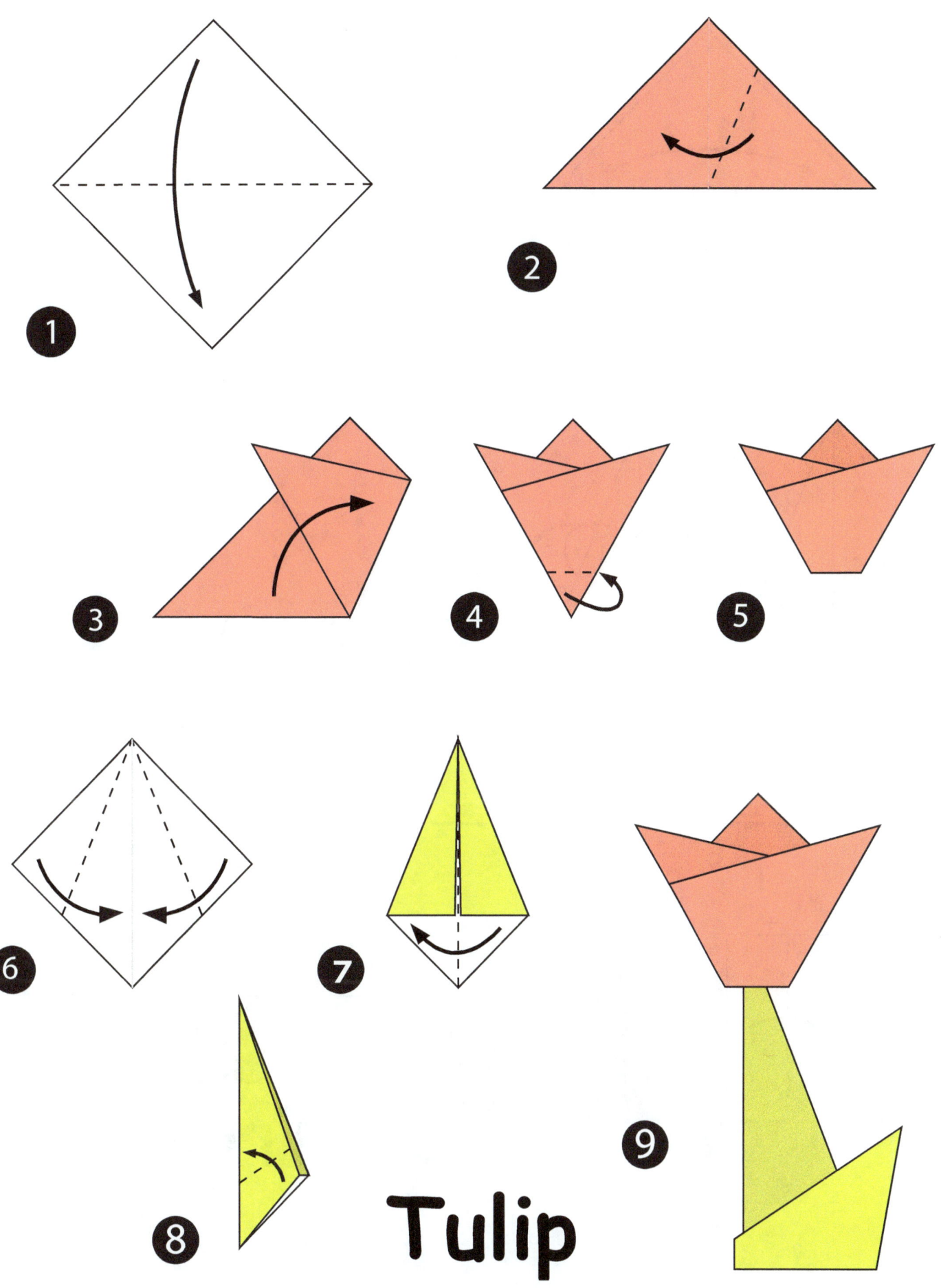

Tulip

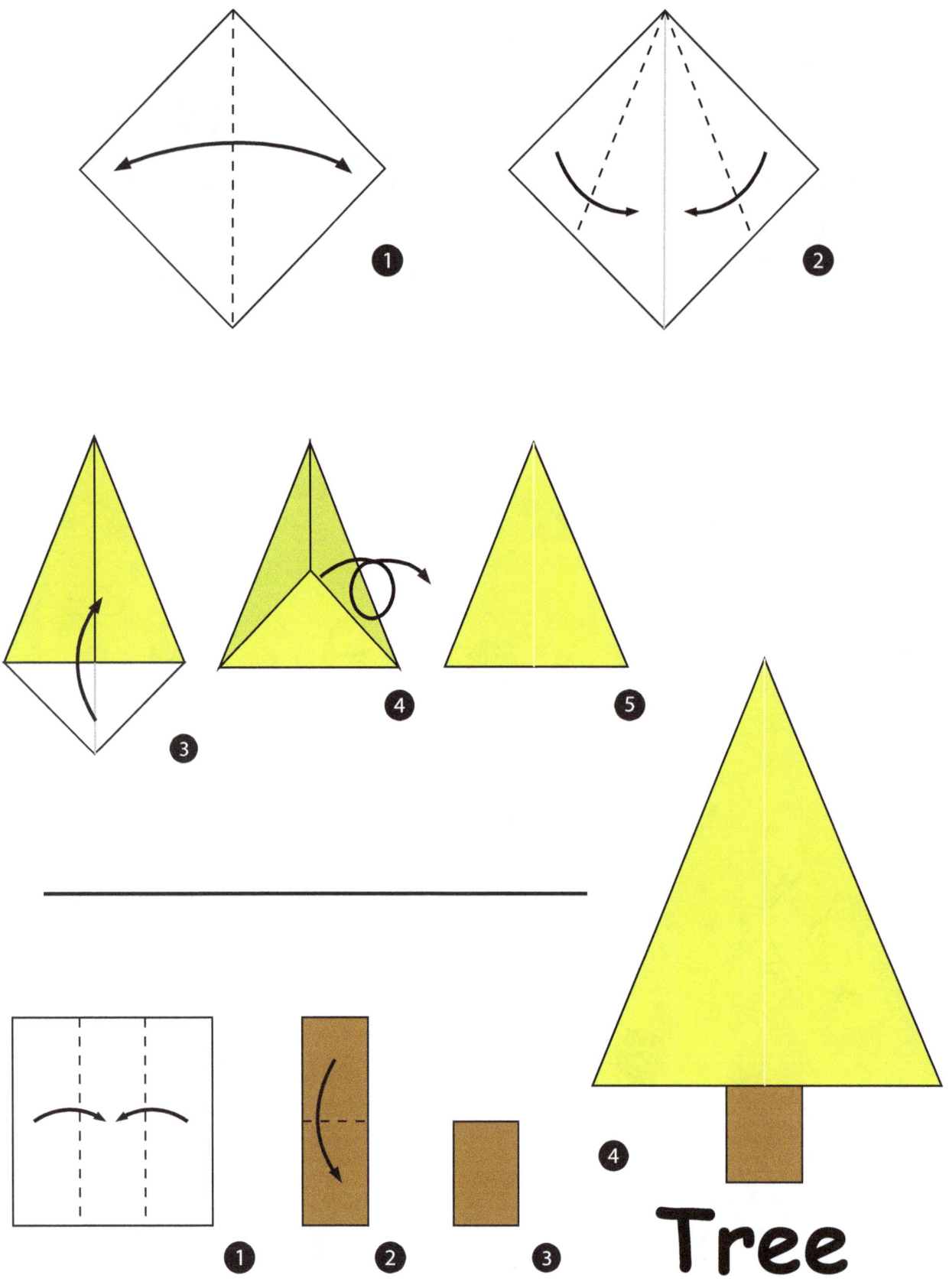

Tree

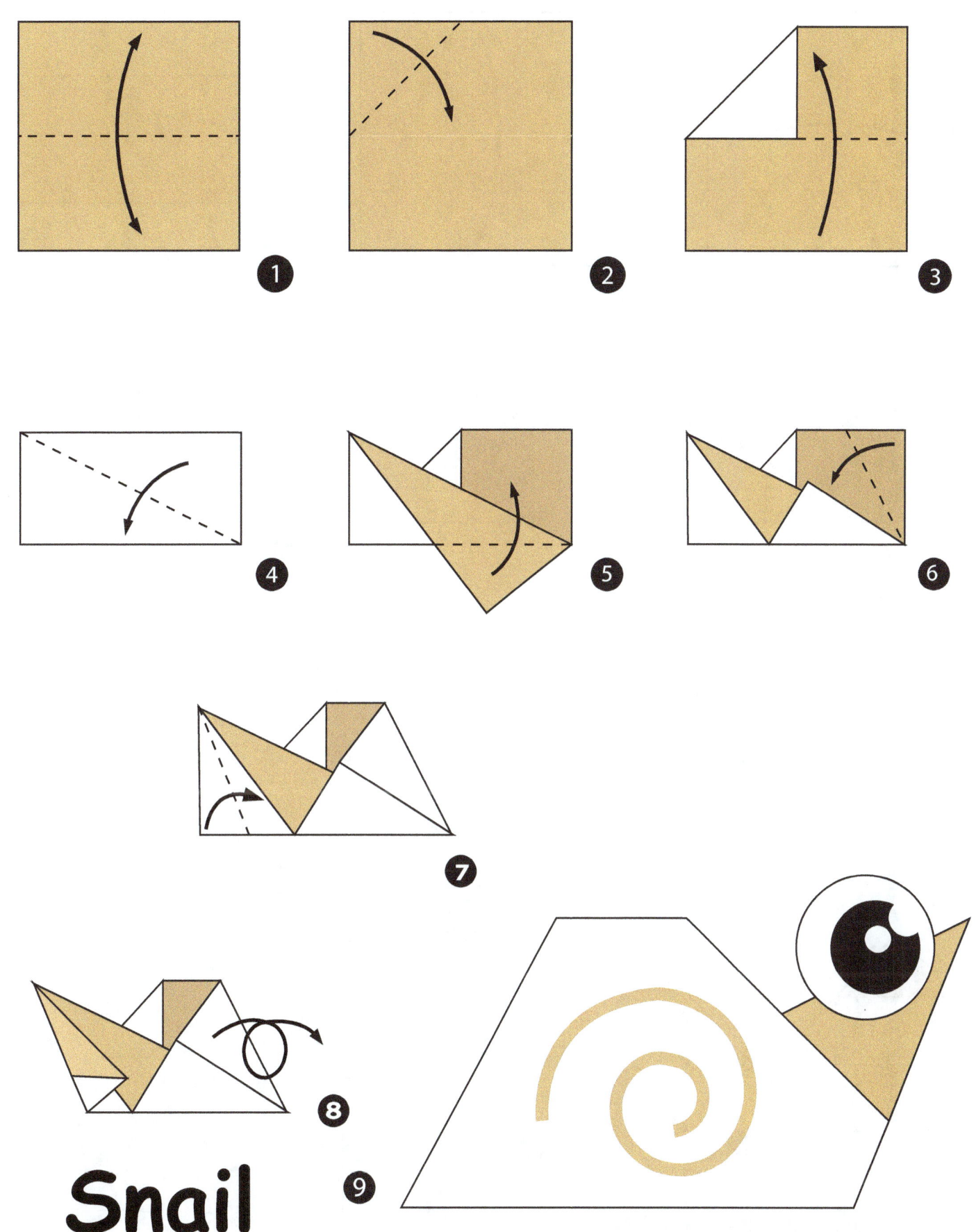

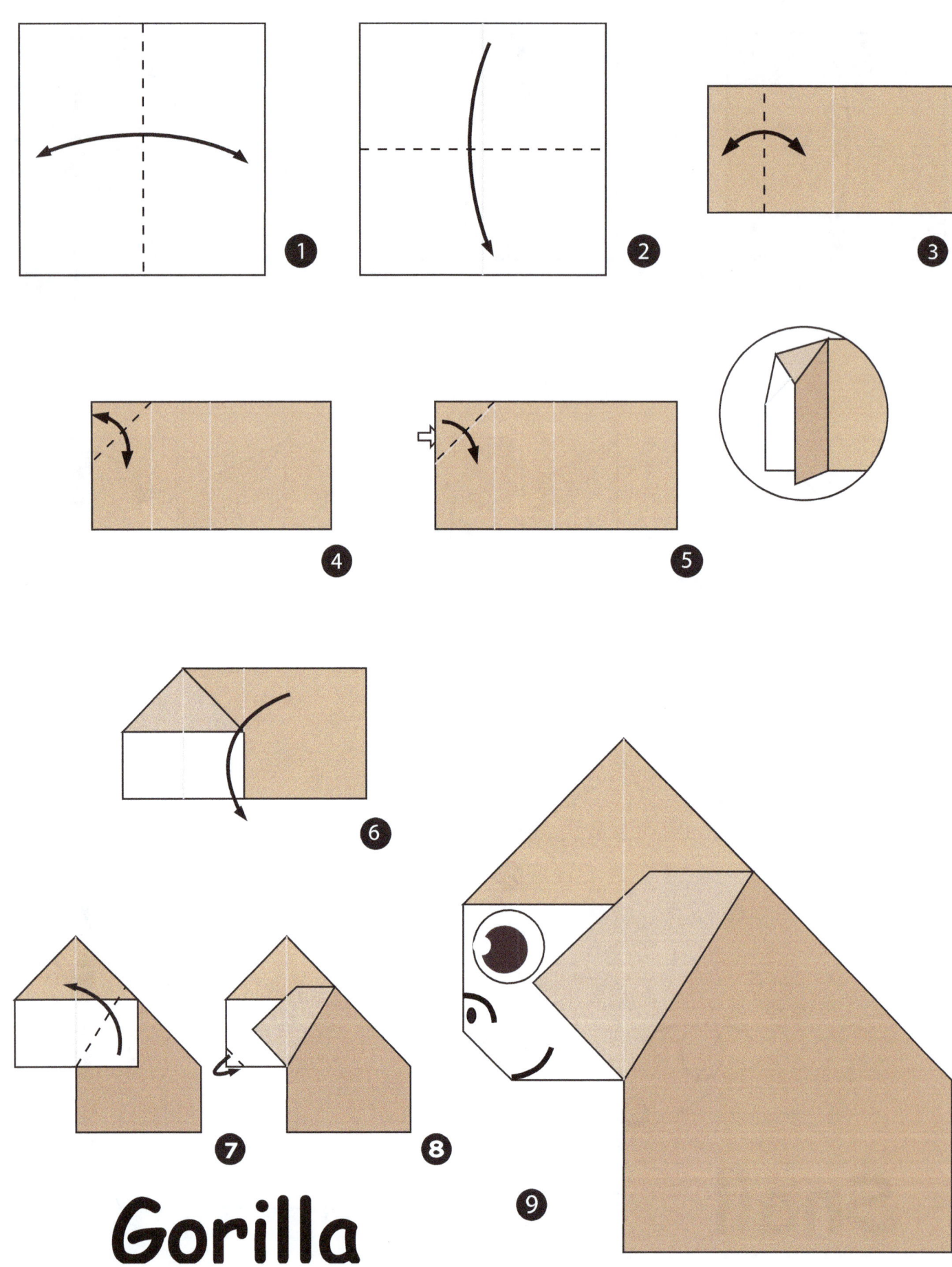

Gorilla

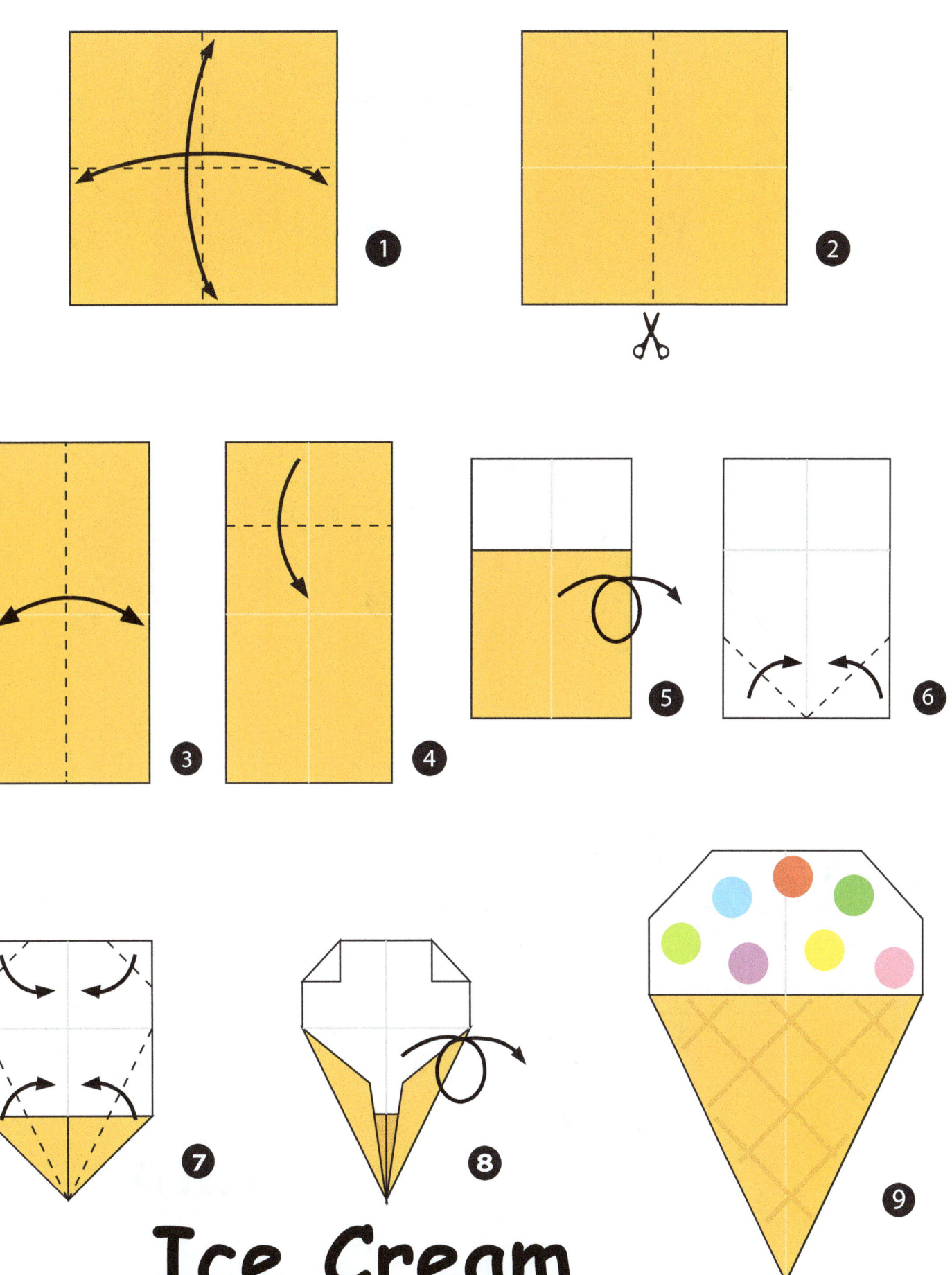

Ice Cream

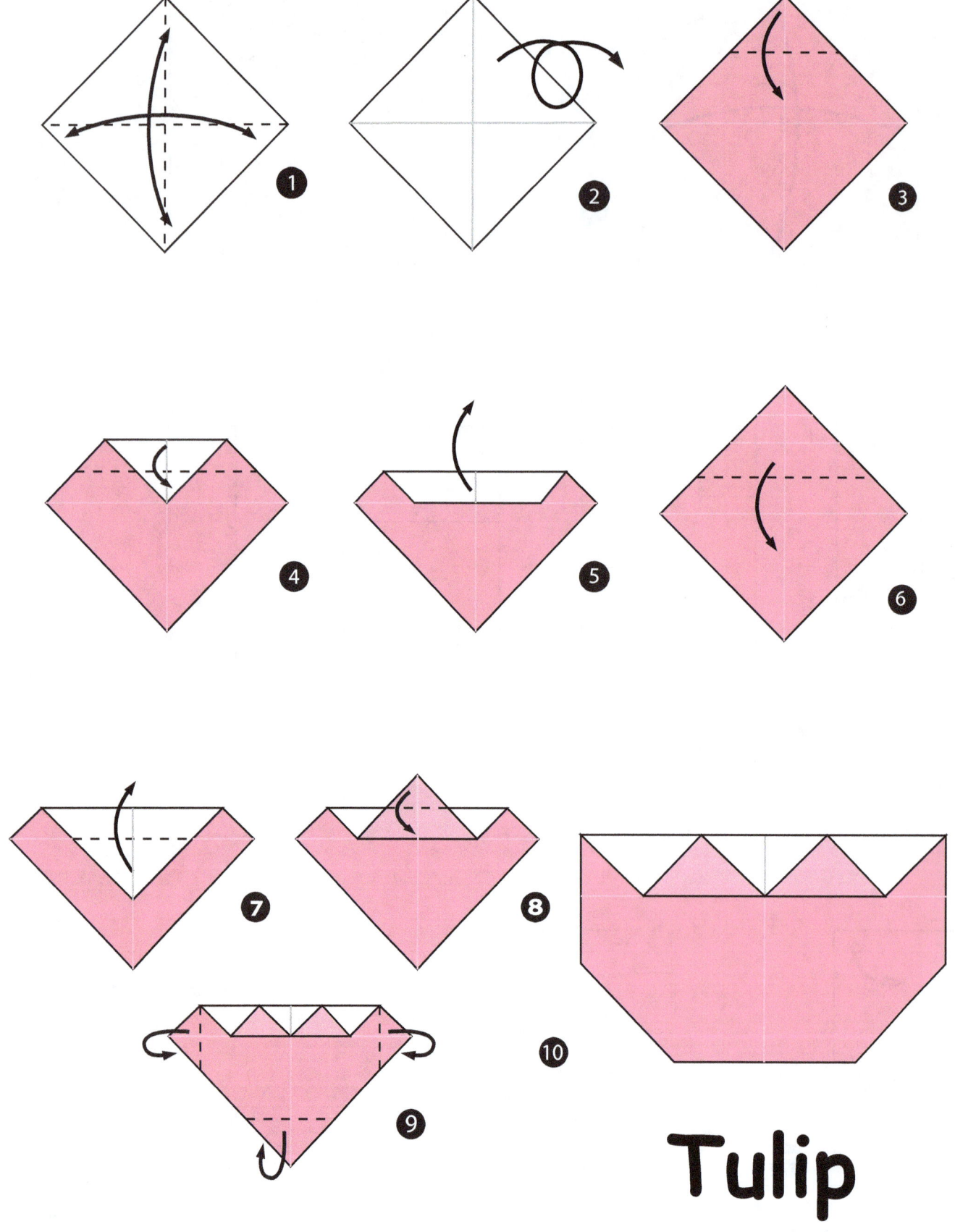

Tulip

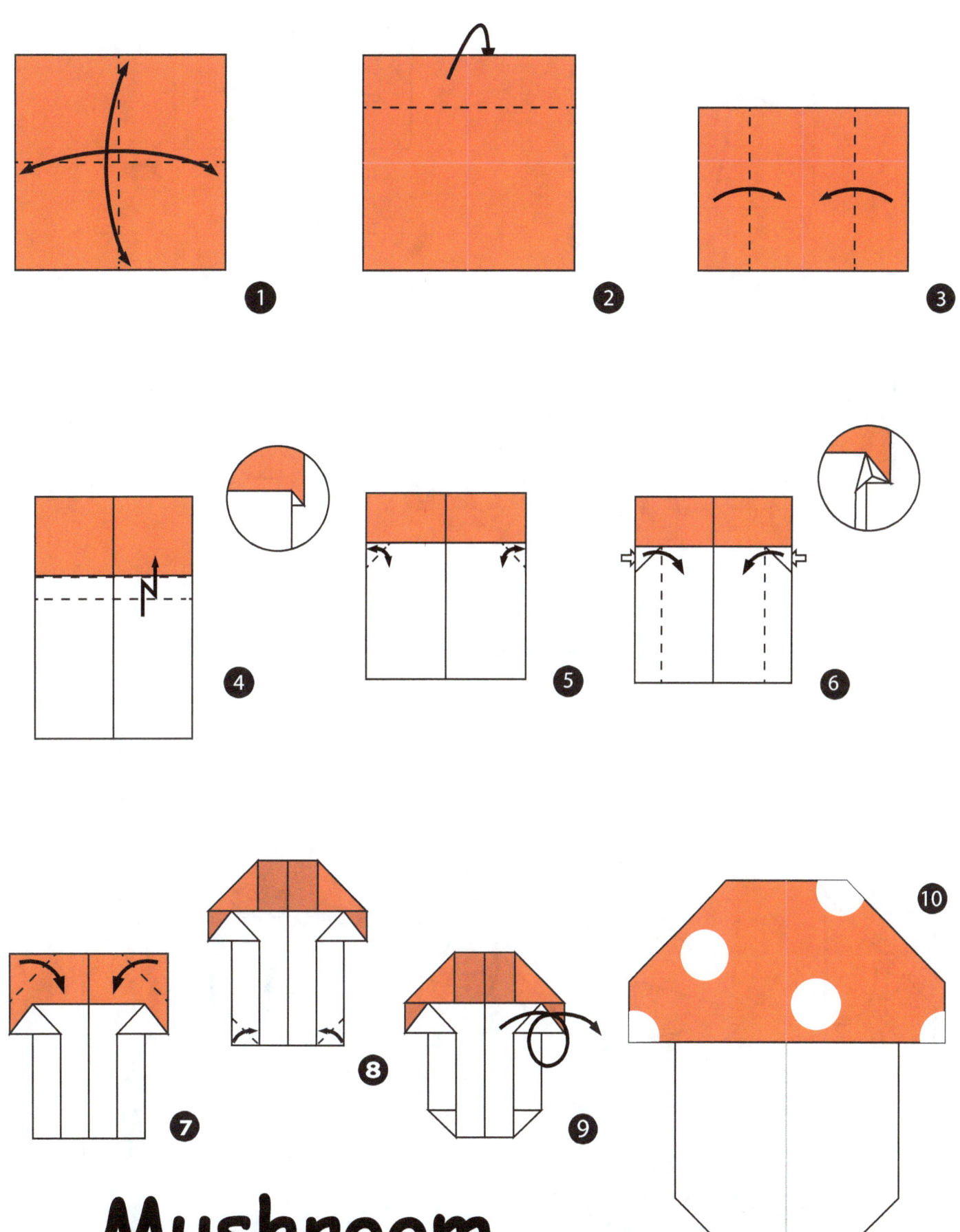

Mushroom

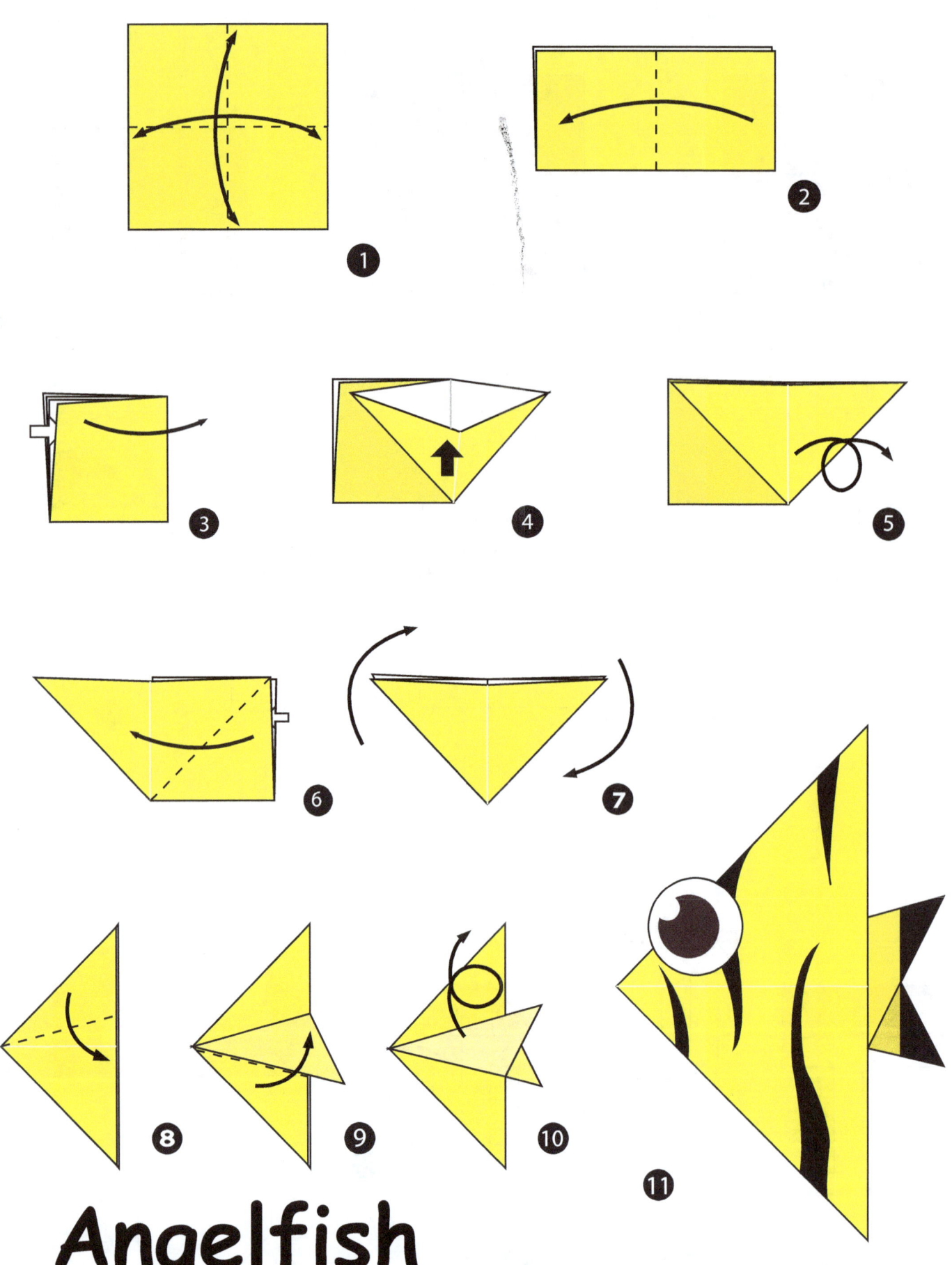

Angelfish

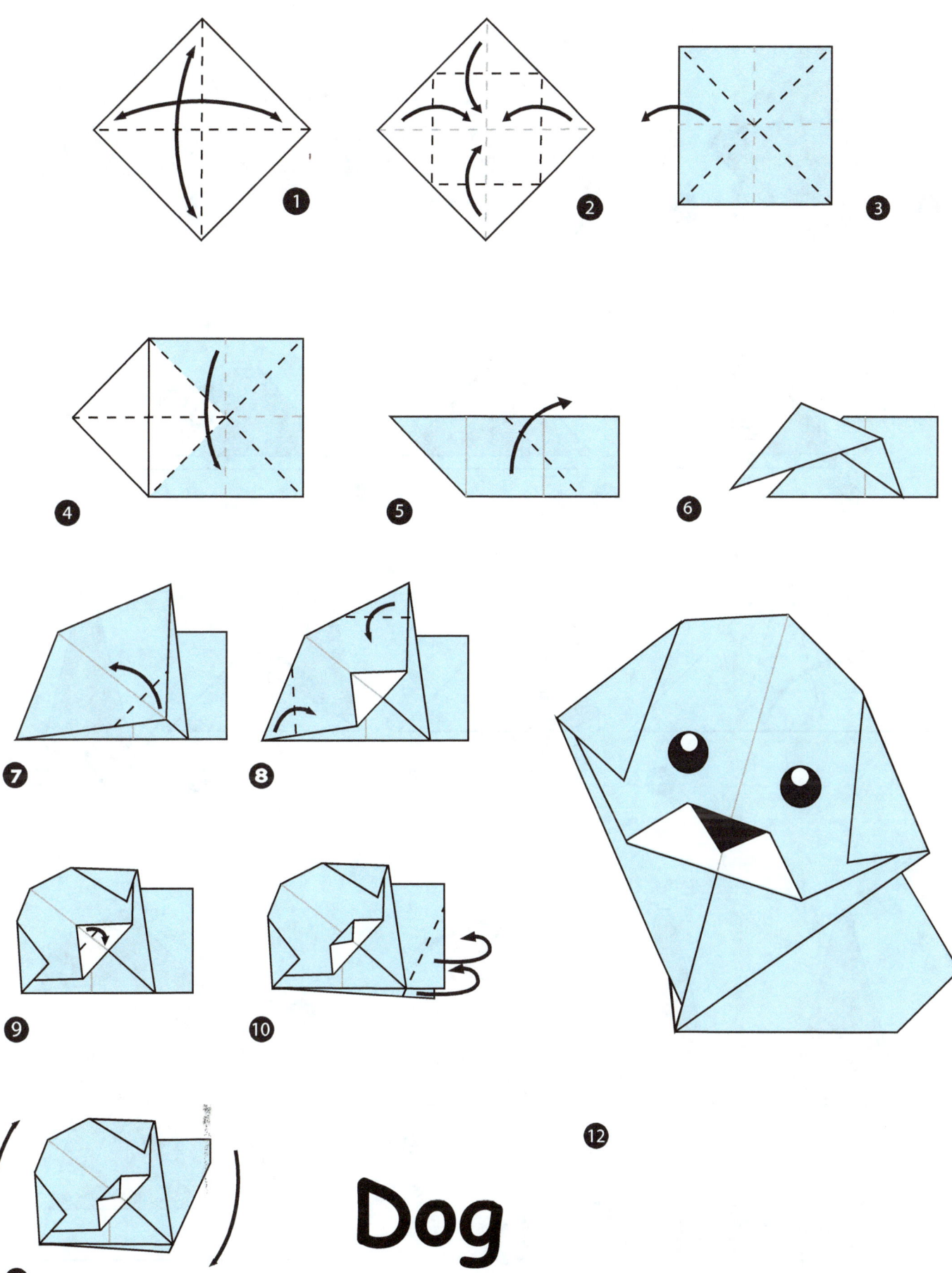

Dog

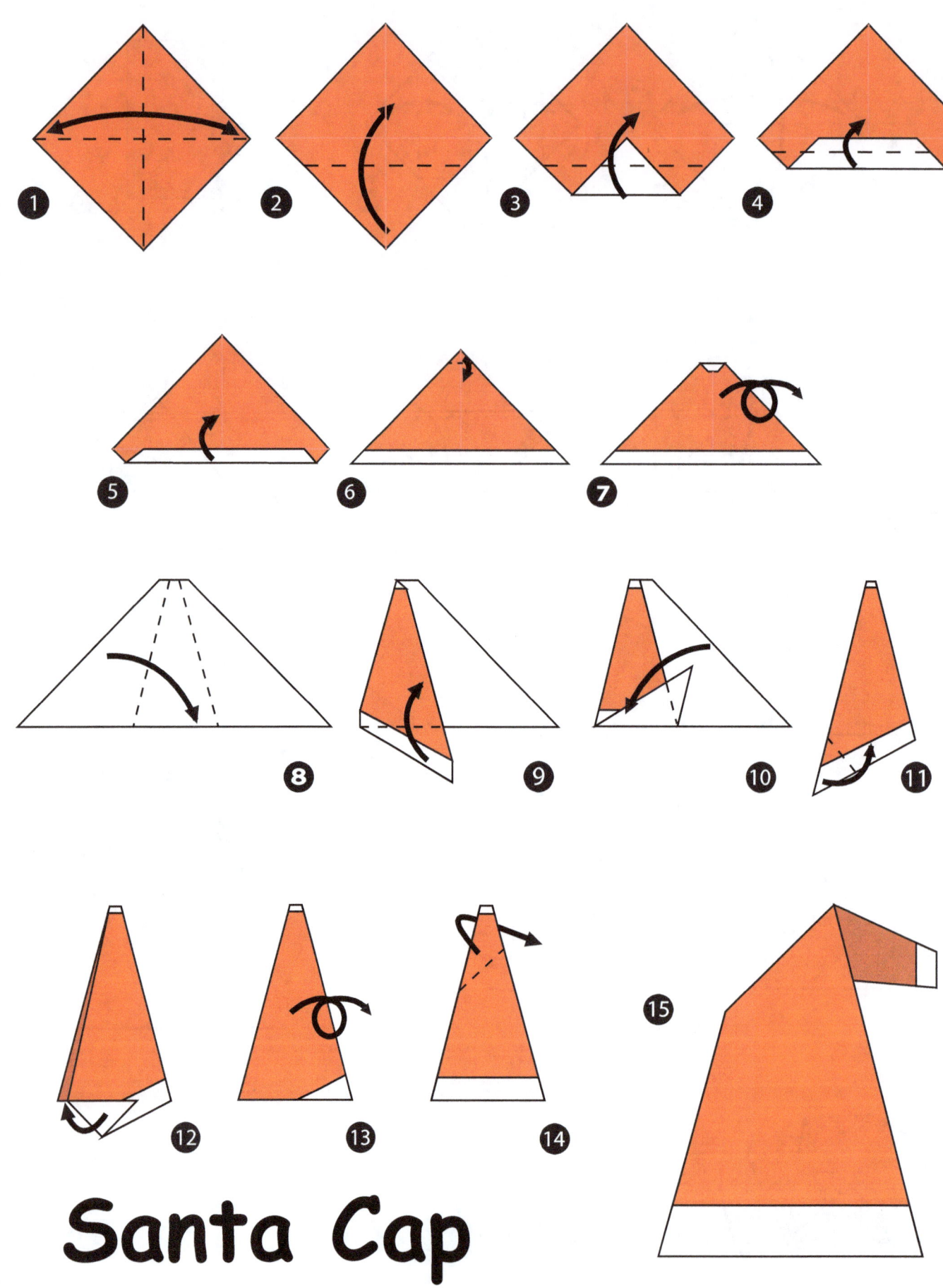

Santa Cap